시작은 옷가게,   목표는
플랫폼
입니다

시작은 옷가게, 목표는 플랫폼 입니다

9n년생과 플랫폼 교수의
고군분투 옷가게 창업기

이승훈
지음

한스미디어

플랫폼 교수는
왜 옷가게를 시작했을까?

인터넷 옷가게를 시작하면서 "교수가 왜 쇼핑몰을 하느냐"라는 질문을 수없이 받았다.

첫 번째 답은 내가 플랫폼을 가르치는 교수이기 때문이다. 교수는 학생을 가르치는 직업이고 나는 플랫폼을 가르치고 있다. 그래서 대부분의 플랫폼을 직접 써보고 이해하고 공부하고 가르친다. 그런데 요즘 대세로 자리 잡은 상거래 플랫폼들은 직접 사용해보지 않을 경우 이를 이해하고 가르치기가 쉽지 않다. 특히 내가 소비자로 참여해보기는 쉽지만 공급자가 되는 것은 무척이나 어려운 일이다. 게다가 최근에는 제법 많은 학생이 이런저런 플랫폼을 사용해서 알음알음 사업을 하고 있는데, 이를 경험하지 못한 교수가 플랫폼을 가르치는 것은 적절해 보이지 않았다. 이것이 내가 옷가게를 시작한 첫 번째 이유였고, 누군가가 물으면 가장 먼저 답했던 내용이었다. 물론 이 과정을 책이라는 매체에 담아 나의 네 번째 저작물로 남기고 싶다는 이유도 있었다.

하지만 내가 옷가게를 해보자는 생각이 들었던 진정한 이유는 하나 더 있었다.

CJ경영연구소장을 마지막으로 현업을 떠난 지 이제 10년이 되어 간다. 인터넷 세상은 너무 빨리 움직여서 예전에 내가 신입 사원으로 받았던 친구들이 임원, 사장을 하는 세상이 되어버렸다. 나도 뭔가를 하고 싶은데 할 방법이 없다. 뭔가를 하고자 하면 내가 시작해야 할 텐데 내가 잘 아는 영역은 플랫폼이다. 그런데 플랫폼 사업이라는 것이 얼마나 성공하기 어려운지 너무도 잘 알기에 선뜻 시작할 수 없다. 하지만 뭔가를 하고 싶은 마음은 계속 남아 있다.

누군가가 이 느낌을 '결핍'이라 이야기했다. 그 결핍이라는 단어를 듣는 순간 가슴속 깊은 곳에서 아픔이 밀려왔다. '나는 무언가를 하고 싶은데 하지 못하고 있다'라는 사실을 깨달은 것이다. 내 안에 있는 결핍을 채우고 싶은데 혼자 뭔가를 하기에는 두렵고 자신이 없었다. 그런 나에게 누군가가 와서 같이 뭔가를 만들어보자고 제안했을 때 무척 기뻤다. 결국, 나는 누군가가 뭔가를 같이하자고 제안하기를 기다리고 있었나 보다. 인터넷 옷가게라는 것은 어찌 보면 플랫폼을 하기가 두려워서 시작한 대안 아닌 대안이었을지도 모른다. 하지만 비록 대안일지라도 내 안에 있는 빈 부분이 채워질 수 있었기에 나는 이 기간이 진정 행복했다.

한국이라는 사회는 너무 빨리 움직인다. 그래서 쉽게 뒤처져서 공허함을 느끼는 어린 노년들이 너무 많다. 경험과 지식은 많은데 할 수 있는 일이 없기에 은퇴 당해버린 그런 우리들이다. 플랫폼 교수는 그 어린 노년의 상징이고, 이 책은 경험 많은 어린 노년이 에너지가 넘치는 젊은이들을 만나 무언가를 함께하고 있는 것에 관한 이야기이다. 이 글을 쓰면서 가장 바라는 게 있다면 결핍을 앓고 있는 수많은 어린 노년들이 다시 일어났으면 하는 것이다. 젊은이들이 가진 것과 어린 노년들이 가진 것을 합하면 훨씬 더 강력한 무언가를 만들 수 있다는 나의 지난 6개월간의 경험을 같이 느꼈으면 한다.

옷가게 창업에 실제로 참여하면서 배운 것이 무척 많다. 어떻게 상품이 소싱되고 등록되고 판매되는지 그리고 어떻게 배송되고 고객은 어떻게 반응하는지를 직접 체험할 수 있었다. 하지만 가장 중요한 한 가지를 꼽는다면 소비자가 아닌 공급자가 되어 플랫폼이라는 존재가 과연 어떤 의미인지를 이해할 기회를 얻었다는 점이다. 플랫폼을 가르치면서 플랫폼으로 힘이 집중되는 것을 목격했고 이는 힘의 중심이 기존의 브랜드 기업에서 플랫폼 기업으로 이동하는 것이라 생각했다. 나는 그간 플랫폼은 시장의 운영자이기에 공정하고 선량해야 한다고 이야기해왔다. 하지만 직접 공급자가 되어 플랫폼에 참여해보니 국내 플랫폼 사업자들은 의도했든 의도하지 않았든 시장의 공급자들을 황폐화시키고 있었다.

패션 플랫폼 간의 경쟁이 본격화되면서, 경쟁은 양면 시장 참여자를 더 확보하기 위한 데 머무르지 않고 어떻게 수익을 만드는가에 집중되었다. 무신사는 '무신사 스탠다드'를 만들었고 브랜디는 '하루배송'을 시작했다. 지그재그 역시 '직진배송'을 시작했고 기존 브랜드들과의 협력을 시작했다. 심지어 쇼핑몰들의 공급자인 도매상들과 직접 거래하기 시작했다. 플랫폼이 만들어놓은 새로운 사업 방식에서 기존 소매상들은 배제되기 시작했다.

시장을 보는 방식은 어디에서 보는가에 따라 달라진다. 수조 원이라는 기업 가치를 인정받고 있는 패션 플랫폼들은 시장을 바꿀 것 같은 태세로 나타났다. 하지만 그들이 가져온 변화는 패션이라는 세상을 퇴보하게 만들고 있다. 작은 모바일 화면을 통해서는 구분하기 힘든 품질의 차이를 무한 가격 경쟁으로 덮어버리면서 저급한 중국산 제품들이 패션 플랫폼들의 인기 상품이 되었다. 쇼핑몰들은 스타일이라는 패션의 고유 경쟁력이 아니라 오직 싼 가격에 의존해야 하는 상황에 내몰리게 된 것이다.

6개월 동안의 실습 아닌 실습이 나를 반 플랫폼 전선에 서게 만들어버렸다. 패션뿐만이 아니라 음식 배달, 모빌리티 등 많은 곳에서 공급자들의 비명이 들리고 있다. 배달비가 1만 원에 육박하면서 높은 배달 팁이 없이는 장사를 할 수 없는 식당들이 양산되었고 쿠팡과 거래하기 위해서는 최소 6개월의 운영 자금이 필요하다는 것은 이제 상식이 되어가고 있다. 카카오택시의 독점으로 택시 기사님들은 이제는 그들의 삶이 카카오의 정책에 의해 결정된다는 것을 이해하기 시작했다.

이 책의 목적은 플랫폼 교수가 플랫폼의 한 축인 공급자 역할을 통해 무엇을 경험했는지 기록하는 데 있다. 그 경험 중 가장 소중했던 것은 열정으로 가득 찬 젊은 친구들과 함께 무언가를 할 수 있었다는 것이었고 내 안에 있는 결핍은 이로 인해 거의 사라졌다. 하지만 플랫폼을 경험하면서 느낀 감정은 예전의 내가 갖고 있던 플랫폼에 대한 동경은 아니었다.

사업 모델로서 플랫폼은 기존 사업 방식보다 월등히 우월하다. 그렇기 때문에 반드시 선량하고 공정해야 한다. 힘을 가진 운영자로서 시장 참여자들의 삶을 이해하고 수용해낼 수 있어야 한다. 아마도 앞으로는 플랫폼이 가져올 수 있는 부정적인 면을 더 연구하고 그에 대한 해결책을 고민하게 될 것 같다.

지은이 이승훈

| 목차 |

서문 플랫폼 교수는 왜 옷가게를 시작했을까? • 4

1부 사건의 시작

1. 자문이 화근이 되다 • 17

   H의 이야기
   9n년생은 어쩌다가 플랫폼 교수와 옷가게를 만들게 됐을까? • 21

2. 옷가게의 이름을 짓다: 더프로피아 • 26

3. 재고 없는 가게를 꿈꾸다 • 31

4. 내가 할 수 있는 일이 없다 • 36

5. 인터넷 패션 쇼핑몰은 레드오션? • 41

6. 준비를 시작하다 • 48

7. 상품화를 시작하다 • 55

2부 내가 할 일을 찾다

8.   어떤 옷가게가 될 것인가? • 63

H의 이야기
내가 패션에 진심인 이유 • 71

9.   한국의 패션 플랫폼들 • 75

10. 소셜로그인, 편리한데 억울하다 • 87

11. 결제를 붙이다 • 92

12. 네이버페이는 모든 것을 가져간다 • 98

13. 카카오는 뭔가 잘못하고 있다 • 103

14. http와 https • 108

3부 내가 할 일이 늘어난다

15. 착장과 상품 수(SKU) • 115

16. 가게는 작지만 프로세스가 필요하다 • 121

17. 마케팅을 생각하다 · 129

18. 인스타 마케팅을 시작하다 · 133

19. 관련 상품과 스타일 판매 · 138

20. 게시판 문의가 들어오다 · 144

21. 고객 소통의 도구를 만들다 · 148

22. 부가세는 수학이 아닌 산수다 · 153

23. Z세대도 나름이다 · 157

24. 택배, 편의점 택배 그리고 우체국 · 162

25. 착썰을 만들다 · 168

26. 고객 감동을 만든다는 것 · 174

27. 멤버십 프로그램, 해답은 파격에 있다 · 179

28. 협업과 공동 마케팅 · 186

29. 인스타 마케팅으로 고객을 만든다는 것 · 191

H의 이야기
옷가게에 대한 나의 생각 · 196

4부 나는 플랫폼 교수다

30. 봄 시즌 전략 수정 · 201

31. 시장이 변하다 · 208

32. 노가다 마케팅? 퍼포먼스 마케팅 · 216

33. 진짜 싸움이 시작되었다. · 223

34. 플랫폼의 배신 · 227

35. 자사몰은 자살몰인가? · 234

36. 균열 그리고 재정비 · 239

37. 플랫폼을 그려보자 · 246

38. 어떻게 플랫폼을 설계할 것인가? · 252

39. H에게 미소가 보였다 · 262

40. 플랫폼은 진행 중 · 274

H의 이야기
옷가게로 시작했지만, 우리는 이제 플랫폼으로 갑니다 · 278

1부

사건의
시작

1. 자문이 화근이 되다

2014년경 CJ를 그만두면서 결심한 것이 있다.

'절대 비즈니스는 하지 않으리라….'

그래서 교수가 되었고 책을 쓰게 되었다. 플랫폼이라는 키워드에 집중하면서 《플랫폼의 생각법》이라는 책을 출간했고 제법 많은 판매를 만들어내는 작가가 되었다. 플랫폼에 대한 글이 유명해지면서 강의 의뢰도 많이 들어왔고 또 플랫폼을 만들어보고자 하는 분들의 자문 요청도 많았다. 자문 요청에 응하는 것은 시간의 효율(수입) 면에서 보면 결코 좋은 선택은 아니었다. 하지만 계속해서 글을 써야 하고 이들의 궁금증과 갈증이 나의 플랫폼에 대한 탐구에 좋은 자극이 되기에 가능하면 많은 사람의 플랫폼에 대한 고민을 들으려 노력했다. 그러던 중에 H를 만나게 되었다.

패션 플랫폼을 해보고자 하는 H는 거의 너덜너덜해진 나의 《플랫폼의 생각법》을 들고 나타났다. 패션 업계에서 이미 어느 정도 경력을 쌓았고, 그 경험과 후회를 바탕으로 패션 플랫폼을 기획했다는 것이었다. 꽤 진심을 다한 기획안이었다. 그래서 나 역시 진심 어린 자문자로서 현실적인 가능성이 거의 없다는 피드백을 주었다. 하지만 H는 쉽게 물러나지 않았다. 오랜만에 조금 소모적인 듯하지만 열띤 논쟁도 했고, 그 결과 나름의 타협안으로 사업 계획을 일부 수정해주는 것으로 마무리했다.

문제는 그 자문이 그렇게 쉽게 끝나지 않았다는 사실이다. 한 달 정도 흐른 뒤에 H는 다시 나를 찾아왔다. 다니던 패션 회사에 사표를 냈고 이 플랫폼 기획에 올인하겠다는 의지와 함께 말이다. 나의 의도와는 아무런 상관없는 일이었지만 조금은 책임감을 느꼈고, 나름 진지하게 그녀의 플랫폼에 대해 고민하기 시작했다. 하지만 결론은 같았다. 이미 무신사, 지그재그, 에이블리, 브랜디 등 군웅이 할거하고 있는 패션 플랫폼 시장은 아마추어를 받아줄 그런 곳이 아니었다. 결국, 그녀를 설득하는 것이 나의 자문이 되었고 어쩌다 보니 그 설득의 방향은 플랫폼을 이용한 사업의 미래, 즉 쇼핑몰의 미래에 관한 이야기로 번졌다. (전작인 《구독전쟁》의 말미에 다음에 쓸 책은 작은 기업을 위한 플랫폼 활용법이 될 것이라고 말했기 때문이기도 하다.)

그 당시 《DBR(동아비즈니스리뷰)》의 요청으로 무신사에 대한 글을 쓸 기회가 있었기에 패션 플랫폼의 미래 경쟁에 대해 고민했었다. 향후 플랫폼 간의 경쟁은 '오리지널'에 대한 경쟁이 될 것이고 현재 하고 있는 패션몰이 일정 규모에 이르면 분명히 기존 플랫폼들의 구애 대상이 되리라는 것이 나의 생각이었다.

무신사는 이미 100개의 무신사 오리지널, 혹은 파트너를 육성하고 있었고 패션이라는 사업의 특성을 생각해볼 때 무신사의 행보는 적절해 보였다. 플랫폼 운영자의 시장 참여는 플랫폼의 공정성을 훼손한다는 일반론이 패션 시장에서는 왠지 예외 처리가 될 것 같은 예감이었다. 일반적인 플랫폼 간의 경쟁이 규모의 경쟁으로 치닫는 반면에 패션 플랫폼의 경쟁은 패션이 갖는 고유한 특징으로 인해 규모와 더불어 품질 경쟁, 즉 상품 경쟁으로 확대될 수 있으리라 생각했다. H와의 토론의 주제는 어느 순간 패션 쇼핑몰이라는 사업의 본질이 무엇일까로 변화되었고 그때부터 나는 그녀에게 패션 산업에 대해 배우는 학생이 되어버렸다.

그리고 그 순간 패션 쇼핑몰을 해보고 싶은 욕망이 생겼다. 패션 플랫폼의 경쟁 방향에 대한 내 생각이 옳다면 옷가게는 분명 괜찮은 사업이 될 수 있기에 나의 가설을 증명해보고 싶은 그런 욕구 말이다. 그래서 H에게 약속을 해버렸다. 만약 우리가 옷가게로 충분한 규모의 돈을 번다면 그때 플랫폼을 시작하는 것으로 말이다.

그래서 시작되었다. '더프로피아(THEPROPIA)'라는 옷가게가 말이다.

 **H의 이야기**

9n년생은 어쩌다가 플랫폼 교수와
옷가게를 만들게 됐을까?

회사 생활을 시작한 지 3년 정도 되던 때였다. 나라면 입지 않을 옷들을 날마다 회사 사이트에 올리는 작업을 반복하던 시점이었다. 옷이 좋고 패션이 좋아서 뛰어든 업계였지만, 이른바 '3년차 권태기'는 나 역시도 비켜갈 수 없었고 내가 지금 뭘 하고 있는 것인지 스스로도 알 수 없었다. 옷을 통해서 누군가를 근사하게 만드는 것 자체가 패션이 나에게 줄 거라 기대한 행복이었는데, 그 행복은 도대체 어디에 있는 것인지. 뭔가 잘못되고 있다는 생각이 들었다. 그래서 나는 다소 과감한 결정을 내리게 된다. 직접 내 회사를 차려보자고. 창업을 결심한 것이다.

내가 생각한 사업 아이템은 사람들이 자신의 옷장을 열어서 서로 나눌 수 있는 그런 플랫폼이었다. 창업의 과정은 생각보다 순탄해 보였다. 청년 창업 패키지라는 프로그램은 나와 같은 초보 창업자를 위한 것이었다. 그들은 내가 봐도 엉성한 나의 사업 계획서를 인정해주었고, 1억 원이라는 창업 지원금도 덜컥 내주었다. 이렇게 지원금까지 받다니, 실감이 나지 않았다.

그러나 지원금은 용돈이 아니었다. 매달 3.8%의 이자를 내야 했는데, 나에게는 상당히 부담스러운 액수였다. 뭔가를 빨리 이뤄야 한다는 중압감과 조급함이 밀려왔다. 내가 가진 아이디어를 눈에 보이는 실체로 빨리 구현하고 싶었다. 그래서 처음으로 애플리케이션 개발자를 만났고 작업을 진행했다. 그러나 잘될 리가 없었다. 어설픈 사업 계획서로는 어설픈 결과물이 나올 수밖에 없음을 깨닫기까지 가진 돈의 반이 어느새 사라지고 말았다. 그리고 코로나19가 찾아왔다. 어떻게 생각해도 자신의 옷장을 모르는 타인과 공유한다는 나의 상상은 받아들일 수 있는 사업이 아니었다.

도대체 어떻게 돌파구를 찾을 수 있을까. 그 해답을 찾으러 이곳저곳을 헤맸다. 그러던 중 이승훈 교수의 플랫폼 강의를 우연히 듣게 되었다. 어느 대기업의 엑셀레이터 프로그램에 신청하기 위해 참여했던 컨퍼런스에서였다. 그는 플랫폼에 대해서 뭔가 아는 눈치였다. 강의가 끝나고 줄을 서서 인사를 한 뒤 내 소개를 했다. 그는 의외로 친절하게 대해주었고, 그렇게 서서 5분 정도 대화를 나눌 수 있었다. 물론 내가 원하는 답을 듣지는 못했지만, 다행히 그의 연락처를 얻게 되었고, 사업 계획서를 한번 봐주겠다는 약속까지 잡았다. 처음으로 내 사업에 대해서 제대로 된 의견을 들을 기회를 얻은 것이다.

거의 일주일을 준비해서 이 교수를 다시 만났다. 그는 냉정했다. 대학생 리포트만도 못하다는 게 그의 평가였다. 분노가 치밀고 억울한 마음도 들었다. 그러나 사업 계획서는 형편없을지언정 패션에 대해서는 진심이었다. 나는 바로 그다음 날 그때까지 다니던 회사에 사직서를 내면서 배수의 진을 쳤다. 돌아갈 다리를 끊어버리면서 진심을 인정받고 싶었다. 그리고는 세상에 돌아가고 있는 패션 플랫폼들을 모두 살펴보며 나의 사업 계획서를 처음부터 다시 작성하기 시작해 이 교수에게 재차 만남을 요청했다. 의외로 그는 이번에도 선선히 미팅을 허락했다.

새로운 사업 계획서에서 그가 관심을 보인 부분은 사업 아이템이라기보다 패션 플랫폼이 만들어놓은 획일화된 패션 시장에 대한 나의 시장 판단이었다. 이 교수는 내가 그래도 이 분야의 시장에 대해 어느 정도 판단 능력이 있다고 느낀 모양이었다. 처음 의도와는 다르게 한국 패션 시장에 대한 논쟁 아닌 논쟁이 여러 시간 계속되었다. 물론 나의 옷장 공유 플랫폼에 대한 그의 평가는 부정적이었지만. 그는 나에게 우선 인터넷 쇼핑몰부터 열어볼 것을 권했다. 이미 거인들의 전쟁터가 되어버린 플랫폼 영역에서는 나같이 영세한 사업자가 설 자리가 없지만, 내가 가진 전문성을 살려서 온라인 쇼핑몰부터 시작하면 해볼 만하다는 이야기였다. 줄곧 가차 없는 피드백만 주던 그는 아무리 온라인 옷가게가 1인 사업자의 무덤이라 해도, 실력만 있다면 충분히 성공할 수 있다며 나를 격려하기까지 했다.

　물론 그의 제안이 틀린 것은 아니었다. 하지만 이미 한국의 패션 시장은 여러 플랫폼에 의해 장악되기 시작했고 작은 옷가게를 한다는 것은 쳇바퀴를 돌리는 다람쥐처럼 매 시즌 끝없이 맴돌아야 하는 그런 일이었다. 하지만 오랜만에 내 이야기를 진지하게 들어주는 사람을 만나서인지 정신을 차리고 보니 나는 그에게 한국 패션 시장에 대한 평소의 의견을 끝없이 풀어내고 있었다. 호기심이 많은 이 교수는 '지그재그', '동대문', '사입 삼촌' 등 한국 패션의 세세한 운영 방식에 대한 수많은 질문을 던졌다. 길었지만, 오랜만에 보람을 느낀 하루였다.

　온라인에서 옷가게를 여는 것은 별로 어려운 일이 아니다. 나는 이미 네이버 스마트스토어에서 작은 옷가게를 운영하고 있었다. 중국 인터넷 도매 사이트에서 상품을 선택하고, 이들이 제공하는 사진을 나만의 방식으로 편집해서 사이트를 꾸미고 있었다. 검색 키워드를 모니터링하고 계속해서 사이트와 상품의 키워드를 바꿔주면서 제법 적지 않은 매출을 만들어내고 있었다.

하지만 이 역시 내가 하고 싶은 패션은 아니었다. 중국 상품들이 가진 유일한 장점은 가격이었다. 개인 통관을 통해 세금 없이 알음알음 수입한 중국 제품의 가격은 상상할 수 없을 정도로 저렴했기 때문이다. 용돈벌이 정도로는 충분했지만, 이를 정식 사업이라고 말할 수는 없었다. 게다가 중국 도매상이 제공하는 사진들은 네이버에서 쉽게 찾을 수 있었기 때문에 내가 가진 경쟁력은 어디에도 없었다. 만약 인터넷 옷가게를 한다면 정식으로 사이트도 만들고 내가 만든 브랜드의 고유한 사진을 보일 수 있는 그런 형태를 원했다.

이 교수와의 대화가 끝나갈 무렵 나는 그에게 동업 제안을 했다. 내가 원한 것은 단순한 사업 자금이 아니라 믿을 수 있는 누군가와의 협업이었다. 3~4시간 동안의 패션 사업에 관한 이야기를 나누며 내가 느낀 '촉'은 그도 이 사업을 하고 싶어 한다는 것이었다. 나는 그를 여기로 끌어들이고 싶었다. 그가 가진 경험과 네트워크를 내 것으로 만들 수 있다면 이 사업을 분명히 성공시킬 수 있을 터였다. 이제 그 대상이 플랫폼이 아닌 옷가게여도 상관없다.

이 교수는 6개월의 시간과 자금 지원을 약속했다.

2. 옷가게의 이름을 짓다: 더프로피아

'라떼'이긴 하지만, 내가 이름을 짓는 데 참여했고 아직도 세상에 남아 있는 브랜드가 몇 개 있다. '11번가'라는 이름은 SK텔레콤 인터넷전략본부장을 하던 시절 몇 개의 대안 중에 고른 이름이다. 물론 부문 전체 구성원들의 투표로 결정되었지만, 최종 의사결정에는 역시 약간의 변수가 있었고 그 변수가 나였다. 아직도 11번가가 어떤 의미냐고 물어오는 사람들이 있지만 SK텔레콤의 주소가 을지로2가 11번지인 것을 아는 사람은 많지 않다. 그 당시 011이라는 무선전화의 앞번호를 썼다는 억측도 있지만 오리지널 아이디어는 우리가 일하던 빌딩의 지번이었다. 011이라는 번호보다는 SK텔레콤을 인터넷 커머스 기업으로 만들고자 하는 의지를 담고 싶었다.

디지털 음악 서비스 '멜론'이라는 이름°도, 네이트의 '판'이라는 게시판 서비스도 아직 살아 있다. 물론 지금은 사라진 몇 개의 브랜드 탄생에도 관여했었다. 그 과정에서 내가 배운 것이 있다면 브랜드가 성공하는 것은 그 상품이나 서비스가 시장에서 선택을 받았기 때문이지, 브랜드 이름을 잘 지었기 때문은 아니라는 점이다. 대기업에 근무하던 시절에 어머어마한 마케팅 비용을 부어 넣어 성공시킨 브랜드가 있기는 하지만 역시 본질은 서비스 그 자체였지 브랜드의 이름은 아니었기 때문이다. 그래서 나는 옷가게의 이름 작명에는 큰 관심이 없었다.

H가 가져온 브랜드는 '프로피아(Propia)'였다. 스페인어로 프로피아는 '고유한', '자기 자신의', '독특한'이라는 의미를 갖고 있었다. H가 생각하기에 현재 한국의 패션 시장은 그 중심이 플랫폼으로 옮겨가면서 저가의 획일화된 패션이 지배하고 있었고 그 실망감에서 고객은 고유하고 독창적인 이미지를 찾고 있다는 것이었다. 그리고 프로피아라는 뜻이 무언가 피어난다는 우리말과 유사하다는 언어 유희적인 주장도 곁들였다. 여성 패션에 대해 아무것도 모르

° 멜론의 의미는 멜로디 온라인을 의미한다. 잊고 있었는데 멜론의 이름을 만든 지인이 최근에 다시 가르쳐주었다.

는 나로서는 그녀의 시장 판단에 의존할 수밖에 없었고 또 브랜드 이름에 큰 의미를 부여하지 않기에 쉽게 동의했다. 우리 옷가게의 이름은 '프로피아'가 되었다. 나는 우리의 시도가 온라인 패션 플랫폼 시장에 신선한 자극을 준다는 정도의 의도를 마케팅 모티브로 쓰겠다는 생각만 적어두었다. 아마도 마케팅은 내가 담당해야 하지 않을까 하는 그런 생각에서 말이다.

그런데 문제는 홈페이지 주소를 가질 수 없다는 데 있었다.

프로피아라는 이름은 다른 회사가 이미 사용하고 있었기에(심지어는 다른 상품으로) 네이버의 스마트스토어나 카페24에서 사용할 수 없었다. 몇 시간에 걸친 열띤 논쟁(?)이 수포로 돌아가는 순간 나는 'the'를 붙여보자는 제안을 했다. 정관사가 가진 고유한 의미를 propia에 붙임으로 '고유한'이라는 프로피아의 사전적 의미를 강하게 할 수 있다는 약간은 말도 되지 않는 생각으로 말이다. 물론 우리의 현재 상황에서 브랜드 네임이 크게 중요하지 않기에 소모적인 시간 투자를 줄이자는 생각이 더 크기도 했다. 의외로 H는 더프로피아를 좋아했고 '더 피어난다'는 역시 말도 안 되는 우리말과 연결지었다. 그래서 '더프로피아'라는 브랜드는 그렇게 하루 만에 탄생했다.

더프로피아는 기본적으로 기존에 존재하는 시장/인프라 플랫폼(이 역시 나의 플랫폼 이론에서 사용하는 용어이다)을 적극적으로 활용하는 것을 원칙으로 삼았다. 쉽게 말하자면 지그재그와 에이블리, 브랜디 같은 모든 패션 시장 플랫폼에 입점하는 것을 원칙으로 한 것이다. 그리고 '국룰'인 카페24를 이용해 자사몰을 만들고, 네이버 스마트스토어(이후 이 생각은 조금 바뀐다)도 활용하기로 했다. 패션 쇼핑몰 중 현재 가장 핫한 지그재그에 입점하기 위해서는 자체 사이트(자사몰)가 필요했고 그 사이트를 가장 쉽게 만드는 방법은 카페24를 활용하는 것이었다. 에이블리와 브랜디는 자사몰 없이도 입점이 가능했기에 지그재그 이후로 방향을 잡았다.

카페24에 쇼핑몰을 만드는 방법으로는 기본적으로 제공되는 템플릿을 활용하여 돈을 들이지 않고 꾸밈없이 오픈하는 방법이 있고 약간의 투자를 통해 전문 디자이너들이 카페24의 기능을 이용해서 제작한 홈페이지를 구입하는 방법이 있었다. 물론 우리의 선택은 후자였지만 결정 장애를 가진 H가 오래 고민하는 바람에 초기 버전 홈페이지의 디자인이 결정된 것은 아주 한참 뒤의 일이었다.

www.thepropia.kr

쇼핑몰 브랜드 이름을 결정하고(지나고 보니 이건 가장 쉬운 일이었다)

우리의 옷가게는 시작되었다. www.thepropia.kr이라는 URL이 만들어졌고 카페24 계정, 네이버 스마트스토어 이름도 '더프로피아'로 만들었다. 나름의 출발을 한 것이다. 이 과정에서 통신판매 사업자 등록도 필요했고 구매 안전 서비스의 등록도 필요했다. 얼굴이 보이지 않는 인터넷 옷가게를 오픈하기 위한 법적인 요구 사항은 이두 가지뿐이었다. 처음 시작은 기존에 경영 컨설팅 사업을 하던 법인을 이용했기에 과거 내가 경영 컨설팅을 하던 법인의 사업자등록증에 전자상거래라는 새로운 업종을 추가하는 것은 별도로 하고 말이다.

막상 이름을 지어놓고 보니 뭔가 세상을 바꿀지도 모르겠다는 생각이 들었다. 이제 피어나는 일만 남은 것처럼 말이다.

3. 재고 없는 가게를 꿈꾸다

무언가를 판매한다고 했을 때 가장 큰 위험은 재고다. 상품을 매입한 후에 판매가 일어나지 않으면 재고라는 부담을 안게 된다. 소위 말해 생돈이 들어간 재고를 처분하는 것만큼 가슴 아픈 일도 없을 것이다.

H가 내게 처음 이야기했던 인터넷 옷가게는 재고가 없는 가게였다. 물론 상품화(온라인 쇼핑몰에서 상품화는 제품 사입, 모델 착장 촬영, 그리고 사진 작업을 의미한다)를 위한 최소한의 재고 아닌 재고가 필요하지만, 판매를 위한 재고를 유지할 필요는 없다. 주문이 들어오면 동대문 도매상가에서 매입하여 고객에게 배송하면 되기 때문이다. 물

론 당일 배송은 불가능하겠지만 동대문에는 가장 빠르면 당일 주문을 다음 아침 새벽에 사무실로 받아볼 수 있는 시스템이 존재했다. 당일 주문을 가지고 동대문 도매상가를 한 바퀴 돌면서 상품을 구매하면 '사입 삼촌'이 이를 전부 모아서 새벽에 사무실로 배송해주는 시스템이었다.

게다가 이를 돕기 위한 '신상마켓'과 같은 애플리케이션도 출현했다. 굳이 동대문 시장을 가지 않고 사무실에서 상품 주문을 가능하게 하는 동대문 도매시장 전용 플랫폼이다. 판매를 위한 상품 선택은 직접 동대문을 돌면서 하지만, 주문이 들어오면 '신상마켓'을 통해 주문할 수 있기에 매우 효율적인 운영이 가능했다. 동대문 패션 B2B 플랫폼인 '신상마켓'은 모든 주문을 자동으로 처리해주는 풀필먼트 시스템(Fulfilment System)도 갖추기 시작했을 뿐만 아니라 자동으로 세금계산서를 발급해주고 있었다. (물론 아직 정식으로 서비스가 이뤄지지는 않고 있다.)

물론 한 걸음 더 나아가 자체 제작을 통해 상품을 구비하는 방법도 있지만 아직은 우리가 선택할 수 있는 옵션이 아니었다. 대부분의 패션 쇼핑몰들은 도매상을 통해 사입 판매하면서 일정 수준의 고객을 확보하면 자신의 제품(made)을 소량 만드는 형태로 진화하고 있었다. 자체 제작이라는 레벨에 오르기 전에 우리는 먼저 그 전

단계를 돌파해야 했다.

　문제는 한국의 동대문 상품만으로는 쇼핑몰이 경쟁력을 갖기가 어렵다는 사실이었다. H가 이미 언급한 대로 한국 패션 시장의 많은 부분을 저가의 중국산 제품이 차지하고 있기에 동대문 상품만으로 경쟁력 있는 옷가게를 운영하는 것은 불가능했다. 동대문 제품은 전체의 30%를 넘을 수 없다는 H의 주장에 따라 중국 상품의 구비가 필요했다. 중국에는 우리와 같은 온라인 패션 쇼핑몰들을 위한 온라인 도매상이 존재했고 이 도매상에서 우리의 콘셉트에 맞는 상품을 구매하여 판매하면 되는 것이었다. 도매몰의 이름은 VVIC인데 중국어 '搜款网(써우콴왕)'은 '스타일 검색'이라는 의미를 갖고 있었다. 한국의 신상마켓과 기능과 역할은 똑같지만 역외 거래이기에 배송이나 행정 처리 등의 기능은 없었다.

　문제는 중국 상품은 동대문 상품과 같이 새벽 시장 대응이 불가능할 뿐만 아니라 도매 주문 후 한국에 도착하기까지의 시간이 평균 2주일 정도 소요된다는 사실이었다.* 물론 대량 주문의 경우 시간이 단축되기도 하지만 처음 시작하는 시점에서는 불가능한 조건이었고 실제로 실험을 해보니 2주라는 시간이 현실적으로 보였다. 결국, 더프로피아의 70%의 제품은 중국 생산으로 주문 후

● 2주라는 시간은 코로나 19의 시작으로 도시의 봉쇄, 공장의 폐쇄 등으로 예측할 수 없는 수준까지 늘어났다.

배송까지 2주 정도의 시간이 소요될 것이고 이는 브랜디가 내세우고 있는 '하루배송'이라는 작금의 배송 현실과는 너무 동떨어진 서비스였다. 물론 재고 없는 가게를 운영하기 위해서는 말이다.

결국, 무제작·무재고이기에 구상이 가능했던 '재무적으로 아주 가벼운 옷가게'(그래서 쉽게 시작하기로 했는지도 모른다)는, MD의 판단에 근거하여 최소한의 재고를 갖추는 것으로 방향 전환했고 그래서 'made in 중국' 상품은 A, B, C 등급으로 구분하여 최소의 재고를 가지고 오픈하기로 결정했다. 판매 추이를 보면서 중국 사업을 유동적으로 대응한다는 계획이었다. 결국 무재고라는 현실적으로 불가능했던 초기 가설은 무너졌고 '판매 예측'과 '재고 관리'라는 또 하나의 업무 영역이 만들어졌다. 이 역시 아무나 할 수 없는 일이었기에 옷을 잘 기억하고 관리할 수 있는 MD의 역할이 추가되었다.

이쯤에서 또 한 명의 등장인물인 J가 나타난다. J는 H의 절친으로 무척이나 유쾌하면서 꼼꼼한 성격을 가지고 있었다. 이해하기 힘들 정도로 수많은 옷의 특징을 사진기처럼 기억하는 사람이었고 MD라는 타이틀을 갖고 합류하게 된다. MD는 이 업계의 표현대로 모든(M) 것을 다(D)하는 사람을 뜻하는데 원칙적으로는 좋은 상품의 선택, 사입, 관리를 맡는 사람을 의미한다. J의 합류를 기점으로 H와 J는 야간 동대문 투어와 중국 도매 사이트(VVIC)의 온라인 투어를 시작했고 상품화를 위한 옷 구입에 착수했다.

이들의 초기 목표는 300 착장, 600개 상품으로 오픈하는 것이었다. 물론 이 시점에 나는 300, 600이라는 숫자가 의미하는 바를 전혀 알지 못했다. J가 합류하던 시점은 10월 1일이었고 우리의 오픈 예정일은 12월 15일로 설정된다. 이 둘은 이때까지 600개 옷에 대한 상품화를 끝내고 사이트의 오픈을 완료하겠다는 야심 찬 계획을 수립했다. 그러나 이를 위해 무엇이 필요한지 아직은 분명하지 않았다. 일단 촬영을 위해 모델과 사진작가가 필요하지 않을까?

이제 남은 시간은 두 달 반, 과연 계획대로 오픈이 가능할까? 적지 않은 의구심이 들기 시작했다.

4. 내가 할 수 있는 일이 없다

아주 조그만 사무실을 열고 본격적으로 일을 시작했다. 성수동의 작은 공간에 사무실과 사진 작업을 위한 스튜디오를 꾸렸다. 전체 공간이 대략 10평 정도로 앉을 자리가 겨우 4개 만들어졌다. H와 J가 있었고 K작가가 본격적으로 합류했다. 사진 보정을 위한 포토샵 아르바이트 디자이너가 한 명 더 있었으니 내가 앉을 공간 자체가 없었다. 아니 내가 할 일이 없었다. 나는 패션도, 사진도 잘 몰랐고, 포토샵도 쓸 줄 몰랐다. 그리고 새삼 깨달은 것이지만 실제 네이버 스마트스토어나 카페24와 같은 플랫폼을 사용해본 경험이 전혀 없었다.

그 수많은 강의를 하면서 네이버의 '스마트스토어', '카페24'를 인프라 플랫폼으로 이야기했지만 사실 나는 이들을 실제로 사용해보지는 못했기 때문이다. 구글이나 페이스북은 그나마 검색과 소셜네트워크서비스가 일상이다 보니 익숙했고 또 학교 강의를 위해 구글 트렌드나, 페이스북 광고도 집행해보았으니 나름 사용자라 이야기할 수 있었다. 하지만 더프로피아를 위한 스마트스토어나 카페24를 사용해보는 것은 다른 차원의 일이었다. 여기에 H가 한 방 더 날렸다.

"교수님이 여기 계시면 불편하니까
되도록 안 나오시는 게 좋을 것 같아요."

나의 역할이 없었다. 아니 내가 할 수 있는 일이 없었다. 그러니 그 장소에서 가장 불편한 사람은 다름 아닌 나였다. 물론 이 글을 쓰는 것처럼 더프로피아의 시작과 성장을 기록으로 남기는 것은 오롯이 나의 일이었지만 그것을 여기서 나의 일로 정의하고 싶지는 않았다. 내가 쇼핑몰을 시작한 것은 작가로서 글감이 필요해서가 아니라 실제 사업을 경험하기 위함이었다.

이미 서문에서 밝혔지만 이 선택은 내가 다시 일하고 싶어서 한 결정이었다. 종종 대기업에 복귀하지 않겠냐는 제안이 오곤 했지만 다시 그곳으로 돌아가고 싶지는 않았다. 그런데 현재 하고 있는 자문이라는 역할은 무언가 내가 원하는 것을 만드는 것과는 거리가 멀었다. 즉 나는 내가 온전히 책임질 수 있는 '작고 재미있는 일'이 필요했다. 하지만 컨설턴트, 사업본부장, 사장, 대표, 자문이라는 나의 경험들은 이미 돌아가고 있는 '큰일'을 기획하고 지원하고 운영하는 일이었지 존재하지 않던 작은 일을 만들어내는 것과는 거리가 멀었다. 내가 프로그래머가 아닌 이상 그 어떤 사업도 내가 주축이 되어 만들어나갈 능력이 나에게는 없었다. (참고로 나는 뼛속 깊숙이 문과생이다.)

어쩌면 이 냉정한 현실은 수많은 현장에서 떠나온 대기업 경영자들과 컨설턴트들이 공통적으로 갖는 문제일지도 모르겠다. 선택받지 못하면 더 이상 일할 기회가 없는 그런 현실이 말이다. 하지만 더 심각한 것은 내가 직접 선택한 사업에서도 나의 자리가 없다는 사실이었다.

더욱이 H가 중심이 되어 진행되는 더프로피아의 진행(상품의 선택, 소싱, 사진 기획 등)에서 패션과 쇼핑몰을 잘 모르는 내가 의사결정에 참여하는 것은 뭔가 꼰대 같은 느낌이 들었다. 자연스레 나의 위치는 엔젤 투자자로 정리되었고 비용 집행이 필요할 경우에만 소환

되는 ATM이 돼버렸다. 뭔가 핵심으로 들어가지는 못하고 주변을 맴도는 인공위성이 되어버린 것이다.

내가 이 상황에서 벗어날 수 있는 길은 카페24와 같은 플랫폼 전문가가 되는 것이 유일했다. 다행히(이걸 다행이라 이야기하는 것이 너무 역설적이지만) H와 J는 카페24 전문가는 아니었다. 이들 역시 조직에서 상품을 담당했기에 플랫폼 그 자체에 대한 지식은 제한적이었다. 하지만 내가 카페24 전문가가 되겠다는 선언에 H의 반응은 시큰둥했다. 제법 오랜 시간 스마트스토어에서 쇼핑몰을 운영했기에 자신이 일주일이면 배울 수 있는 일이고 어차피 운영에 들어가면 그 역시 자기 일이 될 것이라는 생각이었다. 하지만 지그재그와 같은 오픈마켓과 연동하는 일이나 네이버, 카카오의 소셜로그인과 같은 주제로 넘어가자 나의 전문성이 조금 살아나기 시작했다.

결국, 쇼핑몰을 열고 결제를 붙이고 카카오와 같은 외부 플랫폼들과 연동하고 마케팅을 진행하는 것이 나의 일이 되었다. 더더욱 다행인 것은 유튜브라는 세상에는 카페24를 가르쳐주는 선생님들이 너무 많았다. 조금은 지루한 과정이었지만 나의 유튜브 학습이 시작되었다. 그런데 결국 생각해보면 플랫폼을 이해하고 플랫폼을 이용한다는 것은 카페24를 잘 다루고 인스타에서 마케팅을 하고 네이버에서 검색 최적화를 하는 일이 맞았다.

더프로피아에서 나의 역할은

CPO(Chief Platform Officer)였다.

5. 인터넷 패션 쇼핑몰은 레드오션?

내가 인터넷 패션 쇼핑몰 사업을 하겠다고 선언했을 때 나의 아들이 처음 던진 단어는 '레드오션'이었다. 공대생인 아들이 던진 한마디가 가슴 아프긴 했지만, 인터넷 쇼핑몰 산업이 레드오션인 것은 맞는 말이다. 하지만 어떤 의미에서 우리가 알고 있는 거의 모든 비즈니스는 레드오션이다. 그런데 우리가 풀어야 할 진짜 문제는 이 산업에서 새로운 참여자가 돈을 벌 수 있는가이다. 사업이 구조적으로 수익을 낼 수 없다면 진입하지 않거나 빨리 탈출하는 것이 답이지만 구조가 그렇지 않다면 결국 실력이 그 결과를 만든다는 생각이다.

산업 자체가 수익 창출이 불가능한 영역이 있다. 좀 지나간 이야기지만 영화의 후반 CG 즉 VFX(Visual Effect) 회사를 운영한 적이 있다. 지금처럼 이 영역이 주목받기 전인 2010년경인데 작지만 일을 좀 하던 3개의 회사를 인수해서 디지털아이디어라는 회사를 만들었다. 전형적인 수주형 서비스 산업이고 프로젝트 단위로 작업이 이뤄졌다. 작업이 진행되는 데는 여러 단계가 있어서 프로세스가 중요하고 철저한 일정 관리, 예산 관리가 중요했다.

문제는 사업의 핵심이라 할 수 있는 VFX 감독(이들은 우리 회사의 직원이다)들이 의도하든 의도하지 않든 일정과 예산을 맞추지 못한다는 사실이다. 이들은 유명한 감독과 함께 작업하면서 작품에 대해 개인적인 욕심을 갖는다. 물론 영화감독과의 개인적인 관계도 회사보다 중요하다. 영화감독은 고객이기도 하지만 자신과 작품을 같이하는 동료이기도 하기 때문이다. 이들은 자신의 이익을 회사의 수익보다 우선시하기 때문에 이 산업은 수익을 만드는 것이 거의 불가능하다. 이 사업을 3년간 하면서 갖게 된 결론은 구조적으로 수익화가 불가능하다는 사실이다. 일부 기업이 분식을 통해 수익을 만들고 상장하기도 하지만 구조적인 문제를 극복했다고 보기 힘들다. 즉 이 산업은 빠른 탈출이 답이었다.

하지만 인터넷 쇼핑몰은 내가 보기에 구조적인 문제를 갖고 있지는 않다. 직진배송과 같은 산업 안에서의 변화가 시장의 구조에 약간의 변화를 주기는 하겠지만 패션 산업이 가진 본질을 바꾸지는 못할 것이라 생각했다. 그 본질은 분명히 가격이나 배송 속도가 아닌 상품이 가진 매력과 트렌드 그리고 전문가가 만들어내는 스타일에 있을 것이기 때문이다.

그러던 중 지인 중 한 명이 다음과 같은 글을 보내왔다.

너도나도 인터넷 쇼핑몰 사장님, 하지만 개미지옥인 줄은 아시나요?

내용인즉 인터넷 쇼핑몰이 너무 쉬워서 너도나도 시작하는데 돈을 버는 사람은 하나도 없다는 그런 뜻이다. '개미지옥'은 크게 틀린 말이 아니다. 신상마켓과 같은 도구가 나오니 동대문에서 물건을 떼어다가 네이버에 스마트스토어를 여는 것은 누구에게도 어렵지 않다. 그리고 마케팅도 페이스북과 네이버에 돈만 지불하면 되니 해볼 수 있다. 하지만 동일한 상품이 너무 많고 치열한 가격 경쟁이 벌어진다. 웹사이트 거래소인 '사이트 프라이스'에 매물로 나와 있는 패션 쇼핑몰이 2,000개라고 하니 이 역시 틀린 말은 아닐 것이다. 하지만 이 글의 내용을 좀 자세히 살펴보면 앞뒤가 맞지 않는다.

"스마트스토어를 통해 쇼핑몰 개설 연습을 하고 소비자의 반응이 있는 상품만을 선별한 다음, 카페24에 정식으로 운영하는 쇼핑몰로 갈아타고, 쿠팡 판매자센터에서 무차별 살포를 하는 구조입니다."

이 코멘트는 우리가 익히 알고 있는 MVP를 이야기한다. MVP는 'Minimum Viable Product'의 약자로 최소한의 기능만으로 내가 생각하는 것을 수행해보는 것을 의미한다. 이 의미에서 보면 네이버의 스마트스토어는 MVP를 위한 최적의 플랫폼이다.

아동복 쇼핑몰의 경우를 예로 들어 살펴보자. 아이를 키우면서 아동복에 대한 관심이 있는 주부가 사업자등록증을 만들고 신상마켓에 사업자를 신청한다. 네이버 스마트스토어를 열고 상품을 골라서 사입한다. 물론 나의 아이에게 입히기 위함이 기본이다. 동대문 도매시장을 돌아서 상품을 구입할 수도 있고 그냥 침대에 누워 상품을 고를 수도 있다. 제공되는 상품의 사진으로 상품 상세 페이지를 만들 수도 있고 나의 아이를 모델로 스마트폰 사진을 찍어 인터넷 쇼핑몰을 열어도 된다. 이 쇼핑몰을 열기 위해 필요한 투자는 개인의 노력 이외에는 없다. 아주 모범적인 MVP다. 아마도 다음 단계는 마케팅을 위해 인스타그램을 열고 인스타 친구들을 대상으로 열심히 홍보하는 것이다. 인스타 마케팅 비용을 집행할 수도 있고 이 역시 MVP라는 관점에서 보면 1만 원부터 가능하다. 물론 네이버에서 마케팅 비용을 집행할 수도 있다. 다시 봐도 모범적인 MVP이다.

그런데 의외로 장사가 잘된다. 나의 선구안이 훌륭하거나 나의 아이가 예쁘거나 나에게 아이를 가진 친구가 많을 수도 있다. 그리고 나도 이제 본격적으로 장사를 하고 싶다. 그렇다면 더프로피아처럼 카페24에 정식으로 자사몰을 열고 다양한 오픈마켓에 연동하여 노출을 늘리는 단계로 넘어간다. 이 단계에서 노력은 더 필요하다. 내가 이 책을 쓰면서 겪은 일들을 모두 거쳐야 할 것이다. 하지만 그렇다고 비용이 엄청나게 들지는 않는다. 실질적으로 필요한 금액은 서버 비용 한 달에 3만 원이 전부다. 재고가 없는 쇼핑몰을 하는데 쿠팡 판매자센터에서 무차별 살포를 한다는 것은 많이 과장된 이야기이다. 이런 방식으로 쇼핑몰을 운영하는 사람은 절대로 무차별 살포를 하지 않는다. 단지 잘 안 팔리면 가격을 조금 인하하는 방식으로 조정할 따름이다. 이 글의 다음을 살펴보자.

"무한 경쟁 속 소호몰의 생존 전략은 '자체 상품 기획'일 듯싶습니다만 자금력이 있어야 가능합니다. 사입에 의존하던 쇼핑몰은 타 쇼핑몰과 중복되는 상품 사진을 내걸고 판매하다가 시장 질서만 흐리고 사라집니다."

이 글의 핵심은 남의 상품으로는 경쟁력을 확보하는 것이 불가능하고 자체 상품을 기획하는 것이 답이라는 것이다. 그런데 자체 상품이라는 영역으로 넘어가 보면 강한 구조적인 문제가 보인다. 상품을 기획해서 만든다는 것은 전통적인 경영학의 영역이다. 남들보다 경쟁력 있는 제품을 싼 가격에 만들어야 한다. 그런데 그런 제품들을 이미 취급하고 있는 강력한 경쟁자들이 세상에는 이미 많이 존재한다. 작은 기업 처지에서 이 구조를 계속해서 극복해나가는 게 쉽지 않다. 한 번은 성공할 수 있지만 곧 복제품이 나올 것이고 플랫폼이나 대기업이 그 영역에 들어오면 대응이 쉽지가 않다. 그래서 거꾸로 제품을 만들면 위에서 이야기한 쿠팡에서의 저가 제품 살포가 시작된다. 제작했으면 재고가 있을 것이고 팔리지 않고 시즌이 끝나가면 당연히 저가 처분의 유혹이 시작된다. 인터넷 쇼핑몰을 개미지옥에 비유하면서 진정한 개미지옥을 추천하는 셈이다.

그러던 중 또 한 통의 전화를 받았다. 가방을 만들어 판매하는 후배의 전화인데 나의 쇼핑몰을 보고 제안을 하고 싶단다. 협업 제안으로 생각하고 이야기를 들어보는데 제안이 아니라 '지적질'이었다. 위의 글의 주장과 거의 같은 맥락이다. 물론 나를 걱정해서 하는 이야기인 줄은 알지만 편집숍이 성공할 가능성이 거의 없다는 뜻이고, 경영학에서 나오는 타깃 고객, 페르소나 등등을 줄줄 읊어 댄다. 아주 잠시이기는 하지만 그의 조언 아닌 조언은 나와 팀원들 간의 신뢰에 금을 만들었다. 다행히 대화의 시간이 흐르면서 실금은 마치 부러진 뼈가 아무는 것처럼 우리의 의지를 더 단단하게 만들었지만, 몇 가지 파도가 중첩돼서 밀려와서인지 그날 밤은 평소보다 더 피곤했던 기억이다. 그래서 다시 한번 생각했다.

우리의 목표에 집중하자!

더프로피아는 큰 회사를 꿈꾸지는 않는다. 우리의 선택과 스타일을 좋아하는 일정 규모의 고객이 있으면 이들을 위해 매 시즌을 준비하는 그런 옷가게가 될 수 있다면 그 구조는 공고할 것이라 생각한다. 이 가설이 맞을지 틀릴지는 모르지만 100% 틀리지만 않는다면 수정에 수정을 더해가면 발전할 수 있으리라 믿는다.

6. 준비를 시작하다

    논의를 통해 정해진 더프로피아의 향후 운영 방식을 한 문장으로 표현하면 "카페24에 자사몰을 만들고 지그재그를 메인 오픈마켓으로 연동한 후 지그재그와 인스타그램에서 광고를 집행한다" 이다.

    어떤 방식으로 옷가게를 운영할 것인가가 정해지니 이제는 본격적으로 더프로피아 쇼핑몰을 만드는 작업이 시작되었다. H가 고심 끝에 결정한 쇼핑몰 제작 대행사는 일주일 만에 카페24 기반의 디자인된 쇼핑몰 스킨을 보내왔다. 일반적인 쇼핑몰에서 기대할 수 있는, 상품을 진열 판매할 수 있는 페이지와 회원 가입, 장바구니,

결제창 등이 만들어져 있었다. 하지만 그 어떤 기능도 실질적으로 작동하지 않는다. 무엇이든 작동하기 위해서는 추가적인 설정이 필요했다. 그리고 그 모든 설정은 카페24 안에서 이뤄져야 했다. 이제 나는 카페24라는 인프라 플랫폼의 전문가가 되어야 했다.

인프라 플랫폼이라는 개념은 내가 만들었다. 따라서 《플랫폼의 생각법 2.0》을 읽어보지 않은 독자에게는 익숙한 개념이 아니다. 하지만 카페24와 지그재그를 결합한 모델을 이해하기 위해서는 시장 플랫폼인 지그재그와 인프라 플랫폼인 카페24 간의 차이를 이해해야 한다. 그래서 조금 지루하더라도 인프라 플랫폼에 관해 이야기하고 넘어가야 할 것 같다.

일반적으로 플랫폼 사업자는 양면 시장(공급자와 수요자, 판매자와 구매자)을 대상으로 한다. 양면 시장의 참여자들이 모여서 플랫폼의 가치를 만들고 플랫폼 운영자는 알고리즘과 서비스(결제, 물류 등)를 통해 플랫폼의 경쟁력을 올린다. 우리가 알고 있는 유명한 플랫폼인 구글, 페이스북, 아마존, 쿠팡 등은 모두 이런 과정을 통해 성립되었다.

그런데 이러한 양면 시장 개념만으로 포용하기 힘든 플랫폼 유형이 있다. 이들이 바로 《플랫폼의 생각법 2.0》에서 인프라 플랫폼으로 정의해놓은 형태다. 여기에는 모바일 플랫폼인 애플과 안드로이드의 구글, 클라우드 플랫폼인 마이크로소프트와 아마존, 구글 등이 포함된다. 그리고 추가로 네이버의 스마트스토어, 쇼피파이(Shopify) 등 상거래 영역에서의 인프라 플랫폼도 존재한다. 이들은 특정 영역에서 사업을 위한 도구들을 인프라 운영자의 입장에서 제공한다. 공급자들은 그 환경을 이용하여 자신의 사업을 하고 소비자들은 제공된 서비스를 이용한다. 공급자와 소비자들은 직접 만나서 거래를 하는 것처럼 보이지만 이 거래의 기반에는 인프라를 제공하는 플랫폼 사업자가 존재한다. 카페24는 국내의 대표적인 상거래 인프라 플랫폼 사업자다.

카페24는 쇼핑몰에 필요한 모든 기능을 제공하는 인프라 플랫폼 사업자이다. 회원 관리, 상품 관리, 이벤트 관리, 결제, 배송, CS, 프로모션 등 우리가 상상할 수 있는 모든 기능이 카페24 안에 준비되어 있다. 물론 초보 사장님들을 위한 매뉴얼도 자세히 만들어져 있을 뿐만 아니라 동영상으로 모든 설정 방법을 제공하고 있다. 그래서 자사몰을 만들 때 카페24에서 제공하는 기능들을 이용해 쇼핑몰을 만드는 것이 첫 번째 목표가 된다. 인터넷상에 쇼핑몰을 만드는 것이 어려워 보이지만 카페24가 제공하는 기능을 사용하면 문과생들도 쉽게 쇼핑몰을 만들 수 있다.

제작된 쇼핑몰 스킨을 차근차근 살펴보니 다음과 같은 일들이 필요해 보였다.

① 소셜로그인을 통한 회원 가입

회원 가입 기능은 이미 만들어져 있지만 이제는 일반화되어 있는 소셜로그인 기능의 적용이 필요하다. 소셜로그인은 이제 반드시 갖추어야 할 기능이기 때문이다. 우리의 벤치마킹 대상들은 국산인 카카오와 네이버의 소셜로그인을 제공하고 있었지만 나는 시간이 걸리더라도 모든 소셜로그인 기능을 붙이기로 했다. 원칙적으로 가능한 모든 편의를 제공한다는 생각으로 구글, 페이스북의 소셜로그인도 붙이기로 한 것이다. 앞으로 구글의 검색이나 페이스북에서의 마케팅을 고려하면 반드시 필요한 과정으로 생각된다.

② 결제

신용카드 결제부터 가능한 모든 결제 기능을 탑재하는 것이 필요하다. 가장 먼저 필요한 일은 PG사를 선정해서 계약하는 일이다. 이를 통해 신용카드 결제와 계좌 이체가 가능해진다. 신용카드 결제는 당연한 일이지만 아들과 이야기해보니 신용카드가 없는 젊은 이들을 위해 다양한 결제 방식이 필요했다. 단순한 계좌 송금만이 아니라 가상계좌를 이용한 에스크로 서비스도 필요하다. 휴대폰 결제도 필요할까?

여기서 잊으면 안 되는 것이 바로 '간편결제'이다. 카카오페이와 네이버페이, 토스, 페이코 등을 붙이는 것이 필요하다. 간편결제는 기본적인 개념부터 다르다.

③ 배송

카페24의 주 배송사인 CJ대한통운과의 시스템 연동이 필요하다. 대한통운에 연락해서 가맹 계약을 맺어야 하고 라벨 프린팅을 위한 프린터 설치가 필요하다. 배송을 위한 부자재의 구비도 해야 한다. 포장을 위한 부자재, 스티커 등의 구매도 필요하다. 방산시장에 가야 한다. CJ대한통운이 파업 중이다. CJ 연구소장 시절에 대한통운을 그룹이 인수하면서 가장 우려했던 문제는 파업이었다. 삼성그룹에서 파생된 CJ그룹은 노조를 다뤄본 경험이 없기 때문이다.

④ 지그재그와의 연동

자사몰의 기능 설정이 완료되면 이제 지그재그와 연동해야 한다. 역시 카페24의 앱스토어에서 제공하는 지그재그 상품 연동이라는 앱을 통해 우리의 자사몰을 그대로 지그재그에 입점하면 된다. 자사몰에서 상품을 등록하면 그 상품은 자동으로 지그재그에

반영된다. 자사몰을 시장에 알려서 직접 판매를 할 수도 있지만 이미 1,000만 명이 옷 쇼핑을 위해 방문하는 지그재그에 입점하는 것이 무조건 효율적이다. 물론 광고 집행도 일단 지그재그에서 할 계획이다.

⑤ 상품 공급 시스템 정립

주문이 들어오면 대상 상품의 공급자가 누군가에 따라 프로세스가 달라진다. 공급자가 동대문이라면 신상마켓 앱으로 대응이 가능하다. 하지만 현재 나의 아이폰에서만 주문이 가능하니 H와 J를 직원 등록해야 한다. 신상마켓은 4대 보험이 가입된 직원만을 공동 사용자로 인정해준다. 이제 갓 사업을 시작했고 어느 누구도 정식 직원으로 등록하지 않았기에 그 작업도 필요하다. 공급자가 중국이라면 중국 파트너와 협업을 위한 프로세스가 필요하다. 직구 형태로 배송하려면 매일 주문을 취합해서 가장 빠르게 처리할 방법을 찾아서 정리해두어야 한다. 이 부분이 해결되기 위해서는 믿을 수 있는 중국 파트너가 필요하다.

⑥ 마케팅

자사몰을 만들고 나면 아무도 모르기에 이를 알리는 마케팅이 필수적이다. 금액을 얼마나 책정하든지 어떤 마케팅 방법이 가장 적합한지 결정해야 하고 예산을 수립해야 한다. 일단 지그재그에서 마케팅하는 방법을 연구하기로 하고 추후 자사몰을 알리기 위한 인스타 마케팅, 유튜브 마케팅에 대한 기획이 필요해 보인다.

할 일이 너무 많다…. 그리고 혼자다.

한 가지 더, 이제 더 이상
H가 나를 무시하지 않는다.

1부 사건의 시작

7. 상품화를 시작하다

　자체 제작이 아닌 사입(매입)을 통해 패션을 판매하는 쇼핑몰의 가장 중요한 요소인 패션의 디지털 상품화, 즉 사진 작업이 본격적으로 시작되었다. 이 장면에서 사진 촬영을 전문으로 하는 K작가가 등장한다.

　K작가에 대한 나의 첫인상은 무던 그 자체였다. H의 아주 무리한 요구에도 별 불만 없이 모든 것을 해주는 느낌이었다. 그런데 그 느낌은 거의 두 달이 넘어가는 사진 작업이 계속되면서 이해할 수 없는 수준의 친밀감으로 발전한다. 물론 여기에는 밝힐 수 없는 인간관계가 있었다고 생각한다. 심지어 나중에 나는 그에게 '24601'

이라는 별명을 붙여주게 된다. 레미제라블의 수인번호를 따서 말이다. 사진작가라는 계약으로 일을 시작한 K작가는 큰 이유 없이 매일 밤을 새우고 있었다.

다행히 K작가의 빠른 합류와 헌신으로 상품화 작업은 본격적으로 시작되었다. 4명의 모델이 발탁됐고 거의 한 달에 걸쳐서 사진 촬영이 진행됐다. 매일매일 작은 사무실에 만들어진 임시 스튜디오에서 촬영이 계속됐고 드라이브에는 사진들이 쌓이기 시작했다. 날이 추워져가고 있기에 외부 촬영은 포기했고 모든 촬영은 커다란 배경지를 세우고 단색의 배경으로 촬영하는 가장 간단한 방식이 선택됐다. 물론 H는 이를 더프로피아의 콘셉트라 주장했다. 야외 촬영이나 다양한 소품을 동원한 촬영은 시선을 옷 이외의 요소에 분산시키기에 소비자에게 잘못된 정보를 제공한다는 것이었다. 처음에는 모델별로 각자의 색상이 정해졌지만 다양한 시행착오를 겪으면서 2021~2022년 겨울을 타깃으로 하는 더프로피아의 컬러는 연보라로 정해졌다.

10평 남짓의 성수동 사무실은 스튜디오와 책상, 그리고 1,000벌에 가까운 옷으로 가득 채워졌다. 스튜디오를 생각해서 구한 사무실이 아니었기에 사진 촬영과 다른 작업이 동시에 이뤄지는 것이 어려웠다. H와 J는 착장(스타일링)을 고민하고 모델에게 입힐 옷을 정리정돈(스팀다리미로 정비)하는 일과 사진을 컨펌하는 일을 한 달 내내 진행했다. 물론 상품을 사입하는 일도 동시에 이뤄졌다.

패션 사업에 있어 가장 중요한 일은 상품을 선택하는 것인데 여기에 더 중요한 일은 어울리는 상품의 조합을 구성하는 것, 즉 스타일링이다. 즉 상의와 하의 그리고 신발, 가방, 액세서리가 어울려야 하나의 상품(사진)이 되기 때문이다. 일반적인 전자상거래에서 상품 그 자체가 주인공이 되는 것과는 완전히 다른 차원의 작업이었다.

여기에 더해 가장 중요한 것은 모델이다. 모델이 매력적이지 않으면 패션의 상품화는 실패하기 때문이다. 따라서 우리가 알리고자 하는 것은 옷이라는 상품임에도 불구하고 후보정 작업에서 가장 많은 시간이 소요되는 것은 모델을 보다 매력적으로 만들어주는 작업이었다.[•] 그러기에 모델의 선정도 옷의 선택만큼이나 중요했다. 포토샵을 통해 모델의 매력을 조금 올려줄 수 있지만 그 본질을 완전히 바꿀 수는 없기 때문이다. 물론 모델이 촬영에 얼마나 적극적으로 협조하는 가도 중요하다. 다행히 H는 모델들을 잘 다루었고 모델들의 협조도 아주 좋았다.

한 달간의 촬영으로 쌓인 거의 3만 장에 가까운 사진들에 대한 보정 작업이 시작되

• 이 작업의 필요성에 대해서는 추후에 긴 논쟁의 대상이 된다. 또한 사진에서 옷은 보이지 않고 모델만 보인다는 코멘트도 있었기에 H의 주장이 맞는지는 검증이 되지 않았다.

었고 아주 초보적인 작업이지만 나에게도 작업이 할당되었다. (그만큼 일할 사람이 없었고 나는 상대적으로 놀고 있었다.)

《구독전쟁》을 쓰면서 구독 모델로의 전환에 성공하면서 경영의 불확실성을 제거해버린 사례로 어도비(Adobe)를 들었다. 3년이라는 시간을 통해 구독 모델로의 전환에 성공한 어도비는 이제 소프트웨어를 라이선스 단위로 파는 기업이 아니라 1,000만 명의 구독자를 가진 구독 기업으로 변신했다. 그 어도비의 구독 상품인 '크리에이티브 클라우드(Creative Cloud)'를 내가 쓰기 시작한 것이다.

2개의 계정을 구입했고 한 계정당 2명이 사용 가능하기에 4명이 포토샵 작업을 할 때 필요한 비용은 한 달에 2만 2,000원이었다. 구독이라는 방식이 상품에 대한 접근성을 높여준다는 사실을 체감할 수 있었다. 과거에 포토샵을 사용하기 위해서는 100만 원에 근접하는 돈을 내고 정식 라이선스를 구입하거나 아니면 어둠의 경로를 거쳐야 했기에 어도비의 새로운 구독 상품은 고급 소프트웨어에 대한 진입장벽을 완전히 허물어버린 느낌이었다.

약간 다른 이야기로 빠지는 느낌이지만 '더프로피아'를 운영하면서 어도비의 크리에이티브 클라우드를 제외하고도 오피스(Office) 365, 네이버 마이박스(MyBox), 유튜브 프리미엄(Youtube Premium) 등 다양한 디지털 구독을 열심히 사용했다. 본격적인 구독의 시대를 논하는 것은 아니지만 사업을 가볍고 공정하게 할 수 있는 환경이라는 측면에서 디지털 구독은 매우 좋은 소식이었다.

나에게 할당된 작업은 사진의 전반적인 톤을 배경지에 어울리게 일괄 변환시키는 작업이었다. 사진 보정은 과거 수중 사진을 찍으면서 조금 해본 경험이 있었지만 포토샵과 같이 어려운 도구가 아닌 인스타에서의 사진 수정과 같은 이미 만들어진 템플릿을 적용하는 수준이었다. 어도비 크리에이티브 클라우드의 포토그래피 플랜은 라이트룸 클래식(Lightroom Classic)과 포토샵(PhotoShop)을 제공했다. 라이트룸은 사진의 톤을 보정하는 데 필요한 소프트웨어로 하나의 사진에 적용된 세팅 값을 동일한 다른 사진에 쉽게 적용할 수 있게 해주었다.

상대적으로 제한된 환경에서 촬영했기에 H는 사진의 전반적인 톤을 맘에 들어 하지 않았다. 따라서 본격적인 사진 보정이 이뤄지기 전에 두 가지 작업이 선행되어야 했다. 하나는 톤을 보정하는 것이었고 또 하나는 구형화라는 작업이었다.

톤 보정은 라이트룸을 이용해서 상품별 대표 사진을 가지고 만족할 만한 톤을 찾아낸 후, H의 승인이 있으면 그 세팅 값을 전체 사진에 적용하는 작업이었다. "좀 더 밝게요!" "좀 더 차갑게요!" "조금만 부드럽게요!"라는 H의 요구에 중학교 3학년 때 미대를 포기하면서 감춰두었던 색에 대한 잠재력을 끌어내어 사진의 톤을 보정했다.

또 하나의 작업인 구형화는 포토샵을 사용하여 모델의 얼굴을 조금 작게 만드는 작업이었다. 이 작업은 진정한 신세계였는데 전체적인 사진의 왜곡 없이 특정 영역만 2~3% 작게 만드는 것이 가능했다. 성형수술이라는 관점에서 보면 말도 안 되는 일이 바로 구형화라는 작업이었다. 우리 모델들이 그렇다는 뜻은 아니지만 5등신도 아주 쉽게 8등신으로 만들 수 있었다. (구형화의 실제 사례 사진은 모델의 이미지 유지를 위해 올리지 않았다.)

몇 시간에 걸쳐 그 작업을 하고 있는 나를 보고 컴퓨터공학과 다니는 아들이 매우 의아해했다. 왜 플랫폼 교수가 옷가게를 한다면서 포토샵 보정을 하고 있는지 아들이 보기에는 이해가 가지 않았을 것이다. 하지만 이 일을 해보지 않고 진정한 인터넷 옷가게 경험했다고 이야기할 수 없을 것 같은 느낌이 들기 시작했다. 아니 무언가를 배울 수 있다는 자체가 즐거웠다. 실제로 브러시를 사용한 사진 보정도 시도하려 했지만 이는 아티스트 영역에 가깝다는 생각이 들었고 더욱이 노안으로 세세한 수정이 불가능해서 포기했다.

어쨌든 보정이 완성된 사진들이 차곡차곡 쌓이기 시작했고 이제는 이 사진들을 가지고 사이트를 채우는 일이 기다리고 있었다.

2부

내가
할 일을
찾다

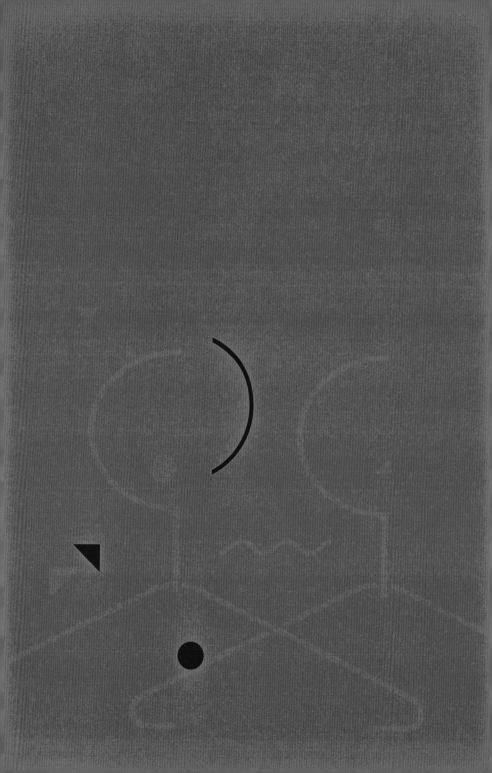

8. 어떤 옷가게가 될 것인가?

　　나는 H의 전문성에 의문을 갖고 있지 않았다. '패알못(패션을 알지 못하는 사람)'인 내가 함께 일하는 전문가의 식견에 대해 의문을 갖는 것은 옳지 않기 때문이다. 하지만 플랫폼을 공부하는 사람으로 H가 이야기한 현재의 패션 플랫폼들의 현실에 대해 더 알고 싶었다. 플랫폼을 강의하면서 글로벌 플랫폼 기업들과 더불어 쿠팡, 네이버, 카카오, 당근마켓, 카카오모빌리티 등 다양한 한국의 플랫폼 사례들을 공부하긴 했지만, 패션 플랫폼에 대해서는 단 한 번도 관심을 가져본 일이 없었기 때문이다.

　　일단 한국의 패션 시장은 무신사, 지그재그, 브랜디, 에이블리,

W컨셉 등의 플랫폼들이 경쟁하고 있다. 하지만 이 플랫폼들을 채우는 주체는 수많은 크고 작은 쇼핑몰들이다.* 나의 표현으로는 인터넷 옷가게들이다. 이 옷가게들은 4가지 형태로 나뉜다. 그리고 앞에서 언급한 패션 플랫폼들의 특징은 어떤 쇼핑몰들을 메인 공급자로 삼는가에 따라 결정된다. 모든 플랫폼이 다양한 형태의 쇼핑몰들을 공급자로 받아들이지만 플랫폼에 따라 특정 형태를 배제하거나 집중하는 방식으로 스스로를 규정하고 있다. 더프로피아의 목적은 어떤 플랫폼이 될 것인가가 아니라 어떤 옷가게, 쇼핑몰이 될 것인가이기에 쇼핑몰의 유형을 중심으로 정리해보았다.

첫째는 진정한 의미에서 재고 한 장 없이 운영하는 쇼핑몰이다. 많은 인플루언서가 이 방식을 사용하고 이들을 가장 열심히 활용하는 플랫폼이 에이블리와 브랜디다. 옷가게가 해야 할 일은 상품을 빌리거나 구매해서 사진을 찍어 자신의 인스타나 유튜브에 올리고 팔로워들을 대상으로 홍보하는 역할이다. 이후의 일은 플랫폼이 모두 알아서 해준다. 당연히 옷가게 입장에서는 재고가 필요 없다. 어느 정도 팔로워를 갖고 있다면 무료로 스타일링을 위한 아이템을 구하기도 쉽다. 이 옷가게를 옷가게로 정의해야 할지는 모르지만 일단 진정한 의미에

* 여기서 일단 제조를 업으로 삼는 도매상인은 제외한다.

서 쇼핑몰이라 이야기하기는 어려워 보인다. 물론 에이블리와 브랜디도 일반적인 오픈마켓의 역할을 제공한다. 하지만 이들이 집중하고 있는 사업 방식은 인터넷 인플루언서들을 활용한 마케팅 인프라 플랫폼으로 정의하는 것이 적절하다. 에이블리에서는 이를 '파트너스'라 부르고 브랜디에서는 '헬피'라 부른다. 우리 중의 누구도 인플루언서가 아니니 이 모델은 배제한다.

둘째, 중국 혹은 동대문에서 옷을 사입하고 도매상이 제공하는 사진으로 옷가게를 운영하는 방식이다. 여기서 중요한 것은 이들은 상품화 즉 사진 작업을 하지 않는다는 점이다. H가 기존에 해보았고 이제는 더는 하고 싶어 하지 않는 방식인데 현실적으로 수많은 옷가게가 이런 방식으로 네이버 스마트스토어에 입점해 있다. 역시 재고가 필요 없고 주문이 들어오면 중국에 있는 협력사를 통해서 직구 방식으로 배송한다. 물론 빠른 주문 대응을 위해 일정 수준의 재고를 유지할 수 있다. 옷가게의 핵심 기능 중에 상품 선택 기능만을 내재화하고 상품화를 포함한 나머지를 모두 외주화한 모습이다. 트렌드에도 쉽게 대응 가능하고 가볍게 사업을 할 수 있다는 것이 가장 큰 장점이다. 특히 네이버 스마트스토어를 사용할 경우, 그 가벼움은 거의 최고급 캐시미어 수준이다. 하지만 문제는 상품화의 수준이 좀 떨어지고 동일한 상품을 취급하는 타 쇼핑몰 대비 차별점이 거의 없다는 점이다. 이 경우 배송과 같은 풀필먼트는 스스로 제공한다

세 번째는 더프로피아처럼 자사몰 사이트를 구축하고 상품을 구입하여 상품화를 하고 직접 풀필먼트를 제공하는 모델이다. 이를 위해서는 우선 자사몰이 필요하다. 현재는 지그재그가 대표적인 연동형 오픈마켓이다. 여기서 꼭 알아야 할 것이 지그재그 등이 네이버 스마트스토어를 자사몰로 인정하지 않는다는 점*이고 또 하나는 자사몰이 없으면 지그재그에 입점이 불가능하다는 점이다. 당연히 첫째와 두 번째 방식의 옷가게는 지그재그의 대상이 아니다.

자사몰은 카페24와 같은 쇼핑몰 제작을 지원해주는 플랫폼에 사이트를 구축하고 이를 지그재그에 연동하여 마케팅한다. 연동을 위해서는 카페24의 앱마켓에서 지그재그 연동 앱을 무료로 구매하여 설치하면 된다. 지그재그 입점만으로 곧장 매출이 발생하지는 않는다. 소액이라도 광고 비용을 집행해야 매출이 발생하기 시작한다. 주문이 들어오면 풀필먼트는 자사몰이 직접 수행한다. 자사몰 모델은 가장 대표적인 형태의 인터넷 옷가게이고 창업을 위해

* 지그재그 역시 2022년 상반기부터 네이버스마트스토어를 자사몰로 인정하기 시작했다.

어느 정도 자본이 필요하다. 물론 이 모델은 충성 고객이 확보되고 어느 정도 브랜드 인지도가 쌓이면 다음 단계로 넘어가기도 한다.

　마지막으로 네 번째는 자신이 직접 제작하여 판매하는 쇼핑몰이다. 무신사는 입점 정책에 브랜드 즉 자사 제품이 있는 셀러로 한정하고 있다. 자체 제작을 하지 않으면 입점을 허용하지 않는다. 무신사에 6,000개의 브랜드가 있다고 하는데 정확히 몇 개의 셀러가 입점해서 운영하는지는 알 수 없다. 하나의 셀러가 다양한 브랜드를 운영할 가능성도 크기 때문이다. 물론 쇼핑몰이 상품화도 풀필먼트도 자체적으로 진행한다. 무신사는 브랜드를 육성하면서 성장한다. 여기에 소위 말하는 동대문의 도매상들도 포함된다. 옷을 도매를 목적으로 만들기에 동대문을 방문하는 셀러들에게 도매가로 팔기도 하고 신상마켓에 입점하기도 한다. 물론 별도의 브랜드를 만들어 무신사에 입점할 가능성도 크다. 물론 지그재그와 브랜디에도 이런 형태의 자체 제작 중심의 쇼핑몰들이 존재한다. 자체 제작이기에 리스크도 존재하지만 다른 옷가게에 없는 그 무엇을 갖고 있기에 이들에게 자체 제작은 경쟁력 유지에 있어 가장 핵심적인 기능이다.

첫 번째와 마지막 형태의 옷가게는 우리와는 거리가 있었기에 더프로피아 입장에서 고민해야 할 대상은 두 번째 중국 혹은 동대문 도매상의 사진을 사용하는 형태였다. 광저우를 중심으로 한 중국의 패션 산업은 눈부시게 발전하고 있었고 그들이 제공하는 사진이 모든 면에서 모자라다고 판단할 근거는 어디에도 없었다.

하지만 실제 사진을 보는 순간 뭔가 세련되지 못한 모습이 보였다. 아니 세련보다는 정성이 부족하다는 느낌이 컸다. 물론 이는 약간은 한국 패션이 아직은 중국보다 한발 앞서 있다는 오만함의 발로일지도 모르겠다. 하지만 중국 제품을 70%를 가져가는 입장에서 상품화의 속도는 무척 중요한 요소이기에 이에 대한 고민이 필요했다. 결국, 중국 사진을 쓰게 되면 상품화에 걸리는 시간을 50% 이상 줄일 수 있기에 이 선택을 포기한다면 좋은 상품을 빠르게 시장에 소개한다는 의미에서는 우리가 이미 뒤처지는 것이다.

실제 중국 도매 사이트에 가보면 중국 도매상들은 중국의 소매상들이 사용할 수 있도록 대용량 파일을 별도로 제공하기도 했다.

쇼핑몰에 있는 사진은 이미 파일 용량 제한으로 열화(劣化)된 사진*이어서 이후 편집을 위해 대용량 사진을 별도로 바이두(Baidu, 중국의 포탈 서비스 제공자)에 제공하고 있었다.

• 용량을 줄인 파일. 본래 사진은 10메가바이트인데 인터넷 로딩 속도를 감안해서 1메가로 파일 사이즈를 줄이는 것을 의미한다.

한국의 신상마켓이 자신의 상품을 판매하기 위해 사진을 찍는 것과 동일한 논리였다. 도매상들 역시 소매상을 대상으로 물건을 팔기에 땅덩어리가 넓은 중국에서 모델 사진은 필수적인 상품화의 과정이었다. 즉 두 번째 방식은 한국 옷가게가 중국 도매상의 셀러가 되는 것이니 약간 자존심이 상하는 모양새이긴 했다.

또 하나 한국과 중국을 막론하고 도매 쇼핑몰들에는 목 없는 모델 사진들이 많았다. 아직 그 이유를 정확히는 알 수 없었지만 패알못으로도 목 없는 사진은 왠지 뭔가 이상해 보였다. 물론 이 역시 H가 격렬히 거부했다. 물론 상세 컷에서 옷의 주요 부분을 보여주는 목적의 목 없는 사진은 예외로 하고 말이다.

중국에서 찍어놓은 사진을 사용할 것인가의 문제는 H와는 논쟁거리가 되지도 못했다. 이미 언급한 대로 H에게 옷가게를 운영함에 있어 모델과 모델이 입는 옷의 스타일링은 결코 타협해서는 안 되는 것이었다. 그래서 우리는 한국 모델이 스타일링된 옷을 입고 촬영한 사진만을 사용하는 고품격 쇼핑몰을 지향하기로 한다. 이는 이후에 다시 정리하게 되겠지만 더프로피아라는 쇼핑몰의 지향점을 무엇으로 삼을 것인가에 대한 논쟁이기도 했다. 중국에서 디자인하고 제작한 상품을 그들이 제공한 사진으로 판매하는 것은 패션 사업이 아니라 유통업이라는 업의 본질에 대한 논쟁이었다.

추측이지만 목 없는 사진의 비밀은 모델의 촬영을 위한 비용에 있어 보였다. 모델 사진을 찍기 위해서는 모델과의 정식 계약이나 메이크업이 필수인데 이를 위한 비용이 적지 않을 뿐만 아니라 메이크업을 하더라도 이후 포토샵을 통해 보정해야 하는 품이 많이 들었기 때문이었다. 즉 모델 입장에서 맘에 들지 않은 모습으로 대중 앞에 자신을 보이고 싶지 않고 쇼핑몰 입장에서도 품이 많이 드는 사진을 굳이 찍을 필요를 느끼지 못했을 수 있다. 그래서 선글라스를 쓴 사진이나 얼굴을 블러 처리한 사진도 어렵지 않게 볼 수 있었다. H의 표현을 빌리자면 목 없는 모델은 패션을 파괴하는 행위였다. 목 없는 사진에 대한 논쟁은 아직도 진행 중이다. 지그재그와 같은 플랫폼은 사진에 모델의 얼굴이 없으면 더 옷에 집중할 수 있다는 조언을 하기 때문이다.

결국, 우리는 더프로피아만의 이미지를 만들어가기 위해 사진들을 찍었고 열심히 보정했다. 이 과정은 동대문과 중국에서 구매한 옷들을 스타일링을 통해 디지털로 재창조한 것이다. 온라인, 모바일 옷가게에서 보여줄 수 있는 것은 사진이 전부이기에 우리는 사진으로 우리의 이미지를 만들어낸 것이다.

 H의 이야기

내가 패션에 진심인 이유

내가 아직 어렸을 때, 엄마는 지금은 많이 사라진 양장점이라는 곳에서 일하셨다. 옷을 만드는 곳에서 일하셨던 만큼 엄마는 언제나 자신을 잘 꾸미고 다녔다. 딸인 나 역시 엄마의 미적 센스를 구현하는 대상이었다. 엄마는 종종 양장점에서 쓰지 않는 옷들을 가져와 리폼해서 내 옷을 만들어주곤 하셨다. 세상에 한 벌밖에 없는 옷을 입고 나가서 놀면 어쩐지 우쭐한 마음도 들고 즐거웠다. 넉넉하진 못한 집안 살림이었지만 나는 언제나 흡족한 마음으로 거울을 바라보는 아이가 되었다.

그러다 중학교에 들어가면서 나 역시 교복을 입었다. 전교생이 모두 똑같은 옷을 입는 획일적인 문화에 적응하기란 생각보다 쉽지 않았다. 나는 점점 소심해졌고 영화나 드라마의 주인공들이 입고 나오는 옷차림을 눈여겨보는 것을 낙으로 삼았다.

그러던 어느 날 학교에서 소풍을 가게 되었는데, 모처럼 교복을 벗고 사복을 입을 기회였다. 나도 나름대로 꾸며서 입고 갔다. 그런데 그날 뜻밖의 일이 벌어졌다. 내 옷차림이 모두의 시선을 끈 것이다. 그날 하루가 어떻게 지나갔는지 생각나지 않을 정도로 소위 패션 센스에 대한 칭찬을 들었다. 하루 만에 학교에서 '옷 잘 입는 애'가 된 것이다.

그 소풍 이후 친구들이 많이 생겼다. 주말이면 함께 옷을 보러 가자는 아이들도 많아졌다. 아마도 패션이라는 단어의 의미를 진정으로 알게 된 것은 그때가 아니었나 싶다. 집이 잘사는 것도 아니고, 그렇다고 우등생도 아니었던 내가 친구들의 중심에 설 수 있었던 힘이 생긴 것은 '패션'이라는 단어를 나의 키워드로 만든 덕분이었다. 그 무렵 내 스타일이란 것이 그렇게 화려하지도 않았고, 시도하기 어려운 편도 아니었다. 단지 유행을 따르기보다는 스스로의 감각으로 만들어낸 나만의 패션 스타일이었을 따름이다. 그러한 스타일이 다른 사람들의 인정을 받으면서, 패션과 나의 특별한 관계가 시작되었다.

당연히 대학에서도 패션과 관련한 공부를 하고 싶었지만, 인생은 그렇게 뜻대로 흘러가지 않았다. 원하는 전공을 선택하지 못해서인지, 대학 생활은 다소 지루했다. 나는 학교 공부나 캠퍼스 생활보다 동대문 돌아다니기에 더 몰두했다. 혼자 동대문을 다니면서 옷에 대한 감각이나 취미가 아닌 일로서의 패션을 어렴풋이 알게 되었다. 나름의 인맥도 얻을 수 있었는데, 이를 계기로 패션 업계에 본격적으로 발을 들이게 된다.

습관처럼 동대문의 새벽 시장을 돌아다니던 어느 날, 친하게 지내던 옷가게 사장님의 권유를 덜컥 받아들이게 되었다. 내가 동경하던 동대문에 구경이 아니라 일을 하러 갈 수 있게 된 것이다. 패션 애호가가 아닌 패션 종사자가 되면서 나의 패션에 대한 의지가 다시금 불타올랐다. 그리고 이때부터 패션이 나에게 본격적인 일로서 자리 잡았다. 동대문에서 꽤 긴 시간 동안 소매상, 도매상, 제조상을 경험하며 나의 패션 철학은 '나를 자유롭게 표현할 수 있는 가장 유일한 수단'으로 정립되었다.

그러던 중 시장은 점점 온라인으로 옮겨갔고 나 역시 그 흐름을 따라 온라인으로 넘어왔다. 온라인 패션 편집숍에서 MD로 일하면서 더 본격적으로 내가 원하는 패션을 선보일 기회가 생긴 것이다. 내가 원하는 옷들을 선택하는 일이 나의 일이 된 것이다. 비록 밤새 동대문 시장을 돌아다녀야 하는 고된 일상이었지만 한 번도 피곤하다고 느낀 적이 없었다.

하지만 일로 만나는 패션은 내가 좋아하던 패션과는 조금 달랐다. 내가 학창 시절 내내 동경해온 패션과 동대문 사장님들이 바라보는 패션은 너무나 달라서 서로 이해하기가 어려웠던 것이다. 비즈니스는 비즈니스였다. 그분들이 원하는 것은 잘 팔릴 상품이었지, 내가 생각한 패션은 아니었다. 새벽 시장을 돌고 돌아 찾아온 '나의 패션'은 누구의 선택도 받지 못했고 나 역시 어느새 자연스럽게 팔릴 만한 '상품'을 고르고 있었다. 점점 옷이 아닌 그냥 섬유로 만든 상품을 다루는 것처럼 느껴졌다. 이 일을 그만두고 내 사업을 시작하지 않으면 안 되겠다는 생각이 확고해진 시점이었다.

패션은 스스로를 표현할 수 있는 최고의 수단이라는 게 여전한 나의 생각이다. 물론 누군가는 온몸을 명품으로 감아서 표현할 수도 있을 것이다. 하지만 밤을 꼬박 새워도 다 돌아볼 수 없는 동대문 시장의 옷들로도 충분히 가능한 일이다. 더프로피아와 룩지다(이 이름에 대해서는 나중에 설명)가 추구하는 패션은 그런 방향으로 나아갈 것이다. 그리고 세상에는 그 방향성에 동의하는 고객이 충분히 많을 것이라 확신한다. 그게 오늘도 밤을 새우는 이유이다.

9. 한국의 패션 플랫폼들

어떤 인터넷 옷가게가 될 것인가에 따라 어떤 패션 플랫폼을 활용할 것인지도 함께 정해진다. 물론 한국의 패션 플랫폼들은 격렬한 경쟁 과정에서 서로의 모델들을 보고 베끼면서 성장하고 있기에 이러한 선택은 언제든지 가변적이다.

일단 더프로피아 입장에서 활용 가능한 패션 플랫폼은 지그재그, 에이블리, 브랜디다. 이들은 모두 공급자인 옷가게와 구매자인 고객을 연결해주는 플랫폼의 역할을 담당한다. 그래서 하나의 주문이라도 더 받기 위해서는 모든 패션 플랫폼에 입점하는 것이 정답이다. 그런데 3개의 플랫폼이 모두 조금씩 다른 정책을 갖고 있기에 더프로피아는 일단 브랜디와 에이블리에는 입점하지 않기로 했다. 여러 가지 이유가 있지만 카페24와 자동 연동이라는 기능이 이 두 개의 플랫폼에서는 제공되지 않는다는 것이 가장 컸다. 시작 시점에 우리는 지그재그를 중심으로 운영하기로 했다.

이 과정에서 한국의 패션 플랫폼에 대해서도 조금 깊이 있게 공부해보았다.

① 지그재그

이미 이야기했듯이 일단 자사몰이 있어야 하고 연동 방식으로 편리한 운영이 가능하다. 연동을 설정하면 자사몰의 상품들이 그대로 지그재그로 넘어오는 것은 아니고 지그재그의 룰대로 넘어온다. 자사몰의 상품 카테고리 중 5개만 선택 가능하니 상품 설계 시에 이를 감안해야 한다. 10개의 카테고리를 만들어놓고 나서 연동을 하려면 고민이 된다.

일단 입점, 연동이 되면 지그재그에 더프로피아라는 쇼핑몰이 생긴다. 모든 관리는 카카오스타일 파트너센터 페이지에서 이뤄지는데 별도로 접속해서 관리하면 된다. 처음에 쇼핑몰을 만들면 쇼핑몰 순위는 가장 아래인 6,000위 정도 되고 즐겨찾기는 0명이다. 이제 3개월이 흐른 현재 더프로피아는 대략 1,000위 정도를 오가고 즐겨찾기는 400명 수준이다. 순위도 중요하지만 즐겨찾기 숫자가 더 의미가 있다. Z세대들의 패션 쇼핑 방식에 있어 가장 중요한 것은 자신의 애정숍을 즐겨찾기 하는 것이기 때문이다.

주문이 들어오면 자사몰로 넘겨지고 우리의 PG사를 통해 결제된다. 이 경우 쇼핑몰은 지그재그에 그냥 감사하면 된다. 별도의 수수료가 한 푼도 발생하지 않는다. 지그재그는 그래서 Z결제라는 방식을 도입했다. 결제를 지그재그가 대행해주는 방식으로 거의 모든 쇼핑몰에 존재하는 결제 방식이다. SSG에는 SSG페이가 G마켓에는 옐로페이 등이 존재한다. 심지어 최근에 당근마켓도 당근페이를 출시했다. 일반적인 오픈마켓 셀러들은 상품으로 입점하기에 플랫폼의 결제 대행이 필요하지만 지그재그와 같이 주문장을 자사몰로 보내줄 경우 별로 필요가 없다. 그래서 지그재그는 다양한 수단으로 쇼핑몰의 Z결제를 유도한다. 예를 들어 Z결제를 신청할 경우 무료 광고나 노출 등을 제공해준다. 현재 더프로피아의 몇몇 상품을 Z결제로 바꿔서 테스트 중이다. 한 구매자가 복수의 쇼핑몰의 상품을 장바구니에 담고 결제를 하려고 하면 자동으로 Z결제가 작동한다. 손님 입장에서 상품별로 개별 결제하는 것은 불편하기에 수긍할 만하다. 이 경우 최소 5.5%의 수수료율이 적용된다. 광고비를 집행할 여유가 없다면 모든 상품에 Z결제를 적용하는 것이 현명하다.

이외에 지그재그에서 판매를 만들기 위해서는 광고를 집행해야한다. 최소 광고비는 3만 원인데 메인 화면과 검색 결과에 노출된다. 이 광고를 얼마나 효율적으로 집행하느냐에 따라 효율이 달라진다. 더프로피아는 3월 말까지 대략 500만 원의 광고비를 집행했는데, 그 결과 순위가 올랐고 400명이라는 즐겨찾기를 한 고객을 확보했다.

② 에이블리

에이블리는 지그재그처럼 완벽한 연동으로 운영할 수 없다. 오픈마켓의 셀러처럼 판매할 상품을 하나하나 다시 등록해야 한다. 별도의 CMS(Contents Management System)를 제공하는데 이의 대가로 매월 4만 9,000원의 운영비를 받는다. 지그재그보다 손도 더 가고 일단 얼마 안 되지만 돈이 자동 결제되어야 하니 초기 장벽이 느껴진다. 하지만 에이블리도 기본 수수료가 전혀 없으니 매우 매력적이기는 하다.

에이블리 역시 마케팅 플랫폼이다. 고객이 상품을 구매하면 자사몰로 보내져서 결제가 이뤄지고 이 경우 수수료는 0%이다. 여기까지는 지그재그와 완전히 같다. 이런 사업 방식을 에이블리 셀러

에리블리 셀러와 에이블리 파트너스

(Sellers)라 부르는데 위의 그림에서 볼 수 있듯이 오픈마켓 서비스다.

그런데 그림에서 보듯이 에이블리에는 또 다른 형태의 모델이 있는데 바로 에이블리 파트너스(Partners)이다. 동대문에서 상품을 구해서 사진을 찍어서 올리면 그다음부터는 에이블리가 상품 사입, 배송, CS까지 모두 해주는 모델이다. 판매가도 에이블리가 책정하고 매출액의 10%를 파트너에게 수수료로 지급한다. 약간 앞뒤가 바뀐 모델인데 이미 언급한 두 번째 옷가게 모델이다. 수많은 인플루언서가 이런 형태로 에이블리와 협업하고 있다. 촬영하고 반드시 옷을 사온 도매상의 이름을 적어야 한다. 그래야 에이블리가 도매상에서 동일한 상품을 찾아 고객에게 배송할 수 있기 때문이다. 그래서 동대문 도매상에서도 에이블리 촬영을 위해 옷을 무료로 빌려달라는 요구가 많다고 한다. 하지만 이제는 너무 많은 사람이 동대문에 나타나면서 웬만한 인싸가 아니고는 옷을 얻기는 어렵기에 구매해서 찍어 올리는 것이 일반적이라고 한다. 새로운 플랫폼 모델이기는 한데, 인싸들이 입고 홍보하지만 자신은 입지 않는다고 해서 논란이 많다.

③ 브랜디

개인적으로 볼 때 브랜디의 사업 방식은 가장 혁신적이다. 그런데 혁신적이라는 의미는 플랫폼 관점에서이지 패션 산업이 갖는 감성적 의미에서 혁신적이라는 것은 아니다. 비즈니스 모델이나 전략적 측면에서는 혁신적인데 왠지 패션의 냄새가 나지 않는다.

사업 모델 측면에서 브랜디는 오픈마켓과 동일한 방식을 택하고 있다. 물론 광고를 별도로 집행할 수 있지만 판매에 따른 수수료를 받는다는 점에서는 일반적인 오픈마켓과 동일하다. 판매자들이 브랜디를 타 플랫폼보다 좋아하지 않는 이유는 13%라는 수수료가 너무 커서이다. 타 플랫폼 대비 높은 수수료를 받으니 입점하는 셀러가 상대적으로 적은 것이 당연하다.

브랜디는 동대문의 모든 풀필먼트를 비용 효율적인 프로세스로 구현했고 에이블리와 더불어 인플루언서들을 영업 사원으로 만드는 방법도 스마트하게 만들어냈다.

브랜디가 가장 집중하는 영역은 풀필먼트 대행이다. 아마존의 FBA와 유사하게 동대문에 브랜디 풀필먼트센터를 만들었다. 주문이 발생하면 브랜디의 사입 요원이 도매상을 방문하여 상품을 수거한다. 하루에 4번 수거한다고 하니 거의 실시간에 가깝다. 수거한 상품을 검수, 포장하여 배송한다. 이 모든 과정을 셀러를 대신해서 브랜디가 진행한다.

과거 셀러들이 했던 풀필먼트의 전 과정을 브랜디가 대신해주는 것이니 셀러 입장에서는 상품의 선택과 상품화만 신경 쓰면 된다. 수많은 셀러의 작업을 모아서 규모의 경제를 만들어내는 것이니 분명 효율적이다. 오더 하나당 서비스 비용이 2,000원, 배송비가 2,400원이다. 비용은 어느 정도 정해져 있으니 규모가 커지면 이익이 나는 구조라고 생각할 수 있는데 자체 배송이 아니니 규모가 늘어도 배송비의 하락은 한계가 있고 서비스 비용 역시 수익을 내기에는 갈 길이 멀어 보인다. 여기에 수수료가 또 더해지니 브랜디 입점의 매력은 많이 떨어진다. 결국, 충분한 규모를 만드는 데 시간이 필요해 보인다. 그래서 브랜디는 수익을 내기 위해 쇼핑몰이 아닌 도매상들과 협업을 고민했고 플랫폼 중에 가장 먼저 하루배송이라는 일종의 직매입 방식을 도입했다. 이에 대해서는 이후 다시 이야

브랜디의 풀필먼트 시스템

기하겠다.

　브랜디도 에이블리와 마찬가지로 인플루언서를 위한 프로그램을 운영 중인데 이름이 '헬피'다. 셀러들을 위한 모델은 셀피라고 부르고 셀러들의 풀필먼트 서비스 이름은 '셀피 물류 서비스'로 부른다. 셀피를 그냥 셀러로 이해하면 된다. 헬피는 도움이 필요한 인플루언서를 도와준다는 의미에서 헬피로 이해하자.

　헬피는 에이블리의 파트너스와 정확히 같은 모델인데 공급자인 인플루언서가 하는 역할은 상품의 선택, 사진 촬영이 전부이다. 상품 등록과 관리부터 브랜디가 한다. 물론 나머지 사입, 배송, CS는

인플루언서를 위한 프로그램 헬피

모두 플랫폼이 담당한다. 내가 일정 수준의 팔로워가 있고 옷에 관심이 있다면 동대문 도매시장을 돌면서 옷을 구입하고 사진을 찍어 올리면 그다음에는 플랫폼이 알아서 판매한다. 가격도 플랫폼이 정하고 제품 정보와 같은 부분도 헬피가 손을 댈 수 없다. 얼마나 많은 사람이 이 프로그램에 참여하고 있는지 알 수 없지만 매달 용돈을 150만 원까지 벌 수 있다는 광고를 하는 것을 보면 일정 수준의 팔로워를 가진 인싸들에게는 매력적인 아르바이트임은 분명하다.

심지어 동대문에 셀피 쇼룸이라는 것도 운영한다. 용어가 많이 혼동되지만 인플루어서들이 방문해서 옷을 입고 사진을 찍을 수 있는 쇼룸이다. 다음 사진을 잘 살펴보면 매장명들이 보이는데 동

동대문에 위치한 셀피 쇼룸

대문 도매시장을 그대로 옮겨놓은 모양새다. 여기에 방문해서 옷을 빌려 촬영할 수 있다. 물론 사진 촬영을 위한 다양한 배경도 제공하고 있다. 신상의 경우 쇼룸 내에서의 임대만 가능하고 외부로 반출하려면 구입해야 한다. 신상이 아닐 경우 일주일간 임대가 가능하다.

그런데 이 용돈 벌이가 뭔가 나의 스타일을 보여주는 행위가 아니라 잘 팔리는 상품을 찾아 올리는 아르바이트로 변질됨에 따라 비슷비슷한 돈 되는 상품에 집중된다는 폐해를 낳고 있다. 패션이라기보다는 패션 영업 아르바이트라는 표현이 더 적합해 보인다.

브랜디의 또 하나의 시도는 '당일배송'이다. 셀피 물류 서비스에서 한 걸음 더 나아가 충분한 재고를 브랜디의 풀필먼트센터에 갖고 있으면서 빠르게 대응하는 구조다. 이런 대응을 위해서는 충분한 재고를 창고에 비축해야 하기에 도매상과의 협력이 필수적이다. 플랫폼이 공급자, 즉 쇼핑몰의 상위 공급자인 동대문 도매상과 거래하는 방식이다. 플랫폼적 시각에서 보면 공급자인 쇼핑몰을 바이패스(배제)한 모습이다. 게다가 지그재그도 '직진배송'이라는 이름으로 이 방식을 따라 하고 있다. 플랫폼 사업자가 해서는 안 되는 일을 이들이 하고 있는 것이고 이런 방식은 패션 플랫폼들의 경쟁이 격화되면서 발생하는 것으로 보인다. 향후 플랫폼답지 않은 이런 거래가 얼마나 늘어날지 알 수 없지만 시장 변화의 시작점이 될 수도 있을 것이다.

2021년 말 기준으로 에이블리가 거래 규모에서 지그재그를 넘어선 모양이다. 파트너스 모델이 잘 작동하여 "언니 그 트위드 어디 가면 살 수 있어요"와 같은 인스타 질문을 거래로 연결시키려는 에이블리의 시도가 성공한 것으로 보인다. 하지만 이 모델은 브랜디에도 채용되었기에 2022년에는 어떤 결과가 나올지 모르겠다. 지그재그는 선두 복귀를 위해 브랜드 제품의 도입과 직진배송을 내세우고 있고 브랜디는 제작 능력이 있는 도매상들과의 더 긴밀한 데이터

기반의 협업을 진행하고 있다.

온라인 패션 시장은 꿈틀대고 있다. 다양한 방식이 출현하고 있고 어느 방향으로 시장이 움직일지는 알 수 없다. H가 정해놓은 길이 답이길 바랄 따름이다. 스타일 숍이 말이다.

일단 시장에 대한 큰 고민은 접어두고
내가 할 일을 해야겠다.

2부 내가 할 일을 찾다

10. 소셜로그인, 편리한데 억울하다

페이스북은 소셜네트워크서비스였다. 그 예전의 싸이월드와 마찬가지로 사회관계망 서비스에 불과했다. 그런 페이스북이 지금은 글로벌 미디어 플랫폼으로 자리 잡았다. 페이스북이 플랫폼이 되기 시작한 것은 Open API를 세상에 보여주면서부터다. 누구든지 페이스북의 회원 기반을 활용하고 싶다면 페이스북이 제공하는 API를 통해 자신의 서비스를 연동하면 되었다. 이때 페이스북이 만들어낸 기능 중의 하나가 소셜로그인(Social Log-in)이다.

누군가가 새로운 서비스를 만들었다고 가정하자. 회원을 모아야 하는데 회원 가입이라는 프로세스를 만드는 것 그 자체가 서비스로의 진입을 방해한다. 그래서 작은 새로운 서비스들은 시장에서 알려지기 너무 어렵다. 이런 상황에서 페이스북이 소셜로그인을 제공하기 시작했다. 소셜로그인은 새로운 서비스의 회원 가입 시 페이스북을 통해 가입하는 것을 의미한다. 나의 개인 정보를 또 입력할 필요 없이 이미 나를 알고 있는 페이스북을 통해 새로운 서비스를 사용하는 방식이다.

이제는 많은 사람에게 익숙한 비비노(vivino)라는 와인 애플리케이션은 페이스북의 소셜로그인을 통해 성장했다. 비비노에서 페이스북 소셜로그인으로 가입하고 와인에 대한 글을 쓰면 자연스레 나의 페이스북에 노출된다. 와인 애플리케이션이고 나의 와인 생활을 기록하는데, 이 기록이 아주 자연스레 페이스북에 공유되는 것이다. 나로서는 쓰지 않을 이유가 하나도 없었다. 이 과정에서 수많

비비노(vivino)에 올라간 필자의 와인 감상평

은 사람이 새로운 와인 애플리케이션인 비비노에 대해 알게 되고 이를 통해 더 많은 사람이 서비스를 쓰게 되는 것이다. 새로이 시작하는 서비스 입장에서 페이스북이 제공하는 소셜로그인은 일종의 축복이다. 수많은 애플리케이션들이 소셜로그인을 이용하면서 페이스북은 더불어 성장했다. 페이스북의 콘텐츠들이 다양해지고 풍부해지기 시작한 것이다. 지금 내 앞에 이 소셜로그인이 나타났다.

상품화가 진행 중이었기에 내가 가장 먼저 손을 댄 영역은 '가입 프로세스'였다. 우리 홈페이지에 도착한 고객이 회원 가입을 하려면 두 가지 방법이 있다. 더프로피아의 회원으로 우리가 제공한 가입 과정을 통하는 방법과 기존 플랫폼들이 제공하는 소셜로그인으로 가입하는 방법이다. 일반적인 가입 기능은 홈페이지에 이미 존재했으므로 내가 시작한 것은 소셜로그인이었다.

소셜로그인은 카카오, 네이버, 페이스북, 구글 등 거의 모든 플랫폼이 제공하고 있었다. 전자가 조금 귀찮다면 후자는 아주 간단하다. 간단한 것은 좋은 것이기에 나도 이미 거의 모든 서비스에서 소셜로그인을 사용하고 있다. 해외 서비스의 경우 주로 구글 로그인을 쓰고 있고 한국의 서비스들은 카카오 로그인을 많이 사용한다.

단 여기서 소셜로그인을 하게 되면 플랫폼과 고객을 공유한다. 나의 노력으로 모셔온 고객을 플랫폼은 큰 노력 없이 확보하는 것

MEMBER LOGIN

ID
아이디

PASSWORD
비밀번호

☐ 🔒   FIND ID / FIND PASSWORD

N   네이버 로그인
f   Facebook으로 로그인
G   구글 로그인
●   카카오계정 로그인

LOGIN

영향력을 직접 체감한 소셜로그인 기능

이다. 플랫폼의 개방적 특성의 대표적 사례로 소셜 로그인 기능을 가르쳐왔는데 직접 겪고 보니 그 영향력이 엄청났다. 플랫폼 시대가 도래했다는 사실을 다시 한번 실감하는 순간이었다.

카카오 로그인을 사용하면 아이디는 자동으로 생성되는데 예를 들어 2042441449@k와 같은 모습이 된다. 마지막에 붙어 있는 '@k'가 카카오 소셜로그인을 의미한다. 네이버는 @n이 붙고 페이스북은 @f, 구글은 @g가 붙는다. 아이디를 뭘로 만들까 고민할 필요도, 새로운 비밀번호를 생각할 필요도 없다. 간단하고 편리하기에 이제는 없어서는 안 되는 기능이다. 그리고 어떤 고객이 어떤 소셜로그인을 선호할지 모르기에 모든 소셜로그인에 대응하는 것이 필요하다.

카페24에서 소셜로그인을 설정하기 위해 메뉴를 찾아보면 '상점관리>채널관리' 아래 각각의 플랫폼별로 별도의 연동형 서비스를 제공하고 있다. 메뉴에 들어가 보면 쉽지 않은 표현들이 보인다. 하지만 그렇게 어렵지는 않다. 일단 소셜로그인을 설정하기 위해서는 각각의 플랫폼들의 개발자 사이트를 방문해야 한다. 카카오, 네이버, 페이스북, 구글 모두 개발자 사이트 혹은 개발자 센터를 방문하여 시키는 대로 연동을 위한 앱을 만들면 키값이 생성되고 이 키값을 카페24의 설정에 적용하면 된다. 개발자 사이트 역시 가입이 필요한데 자신의 기존 계정을 사용하면 된다. 구글, 페이스북, 카카오, 네이버 모두 사용하고 있었기에 큰 문제는 없었다. 단지 나의 개인 계정들이 모두 더프로피아의 공식 CTO 계정이 될 뿐이다.

약간의 시행착오는 있었지만 나름의 집중력을 발휘해서 4개 플랫폼의 소셜로그인을 완성했다. 완성하고 회원 가입 내용을 보니 아직은 그 숫자가 큰 의미가 없을지 모르지만 역시 소셜로그인의 비율이 80%에 육박한다. 플랫폼의 시대가 왔다는 것을 실감하지만 약간 억울하다. 이들 플랫폼이 앞으로 나의 회원들이 어떤 옷을 사는지 알게 될지도 모르기 때문이다.• 고객 정보라는 관점에서 플랫폼으로 데이터가 집중된다는 점은 이제 인정할 수밖에 없어 보인다. 하지만 고객 입장에서 편하기에 소셜로그인은 이제 필수다.

• 정확히 어떻게 데이터가 공유되는지는 알 수 없기에 이 부분은 나의 뇌피셜에 가깝다.

11. 결제를 붙이다

CPO(Chief Platform Officer)로서 해결해야 할 두 번째 과제는 결제를 가능하게 하는 것이었다.

일단 결제가 가능하게 만들기 위해 PG(Payment Gateway) 사와 계약해야 한다. 카페24는 이런 종류의 서비스를 모두 갖추고 있었기에 그냥 선택하고 계약 금액을 지불하면 사용하는 것이 가능했다. 하지만 처음 해보는 입장에서는 생소한 경험이기에 약간의 두려움이 먼저 찾아왔다.

일단 PG 사업자 선정이 문제였는데 일단 확 끌리는 사업자가 없었다. 다날, 이니시스, KT, NHN 등이 보였는데 결국 토스페이먼츠를 사용해보기로 결정했다. 토스가 엘지U+의 PG 사업을 인수했다는 사실을 기억해냈고 또 토스가 하면 뭔가 다르지 않을까 하는 나름의 기대감도 있었다. 물론 토스는 다른 사업자들과 달리 계약금을 한 푼도 받고 있지 않았다. 아마도 사업 초기 고객 확보가 중요했기 때문일 것이다.[*] H는 다날을 주장했는데 큰 이유는 없었다. 단지 그래도 사업을 오래한 다날이 토스보다는 낮지 않을까 하는 약간은 '보수적' 의사 표시였다.

카페24에서 결제 기능을 붙이기 위해서는 '상점관리>결제방식' 설정 메뉴에서 결제 수단의 노출 설정을 '표시함'으로 바꿈으로 가능해진다. 메뉴를 보면 무통장 입금, 신용카드, 후불, 가상계좌(에스크로), 계좌이체(에스크로) 등이 옵션으로 존재하고 있다. 가능한 모든 결제 수단이 준비되어 있는 것이다. 그런데 내가 요즘 많이 사용하는 간편결제가 보이지 않는다. 그 이유는 얼마 지나지 않아 밝혀진다. 결국, 카카오페이와 네이버페이는 우리가 일반적으로 알고 있는 결제 수단이 아니었다.

놀라웠던 점은 토스 PG에 가입 신청을 하자마자 거의 한 시간도 되지 않아 토스로부터 문자가 왔다는 사실이다. 놀랍도록 빠른 일 처리였다. 문자로 날라온 그들의 요

[*] 이 역시 나만의 착각이었다. 카페24에 입점한 PG 사들은 돌아가면서 가입비 무료 프로모션을 하고 있었고 마침 그때 토스페이먼츠가 무료였다.

1. **우리의 상품이 패션이면 7일 이내의 배송인지 확인할 것**
   → 주문 제작이 아니라 매우 쉬운 문제. 중국 배송의 경우 약간 헷갈리긴 하지만 일단 무시하기로 함

2. **3개월 안으로 발급받은 법인 등기부등본을 첨부할 것**
   → 이 역시 인터넷 등기소를 활용하면 매우 쉬움

3. **정산 한도가 200만 원이 시작이니 원할 경우 증액 요청할 것**
   → 1,000만 원까지 증액해줄 것을 전화로 요청했고 즉시 해결

4. **카드 심사에는 무려 2주가 소요**
   → 자연스레 오픈이 지연되었고 연말까지 맞물려 실제로는 3주가 소요

5. **상품이 없는 빈 카테고리는 숨김 처리 바람**
   → 액세서리, 신발 등 현재 상품이 없는 카테고리 숨김 처리

6. **사업자등록증상의 주소와 대표자와 홈페이지 내용 일치 요망**
   → 내가 가지고 있던 법인을 사용했기에 약간 혼동되었지만 결국 모든 것을 법인으로 통일함으로 해결

7. **카드 결제 수단 추가**
   → 당연히 할 생각이었기 때문에 무시

구를 정리하면 위와 같았다.

　　PG사 선정 과정에서 나는 두 가지 사실을 무시 아니 간과했다. 하나는 '바로 오픈 PG'를 선택했음에도 그 의미가 무엇인지 생각하지 않았다는 점이고 그래서 PG를 선택한 후 바로 신용카드 결제 노출 설정에서 '노출함' 버튼을 누르지 않았다는 사실이다. 카페24

PG 서비스를 살펴보면 PG사를 두 개의 유형으로 구분하고 있는데 '바로 오픈'이 가능한 PG와 일반 PG로 나누고 있다. 토스페이먼츠를 선택하며 가입비가 무료라는 사실만 신경 썼지 '바로 오픈'이 의미하는 바를 꼼꼼히 읽어보지 않은 것이다. '바로 오픈'은 신용카드사의 승인 없이도 곧바로 사업을 시작할 수 있도록 PG가 제공하는 서비스였다.

상식적으로 잘 이해가 가지 않긴 했지만, 신용 거래 승인에 자신이 있는 정상적인 사업자라면 지금 즉시 결제를 오픈하고 이후 카드사들로부터 거래 승인이 난 이후에 결제 대금을 수령하는 방식이었다. 카드사 승인이 나기 전까지는 토스페이먼츠가 가맹점으로 결제 대금을 대신 수령하고 이후 카드사들의 승인이 떨어지면 정산하는 구조였다.

오픈 일정이 이미 2주 이상 지연된 입장에서 이 기능은 일종의 구세주였을지도 모른다. 문제는 초보자의 눈에 이 '바로 오픈'이라는 단어가 들어오지 않았고 그래서 이 기능을 발견하는 데 2주가 걸렸다는 사실이다.

그래서 결국 나의 실수는 H에게 오픈 지연의 당위성을 만들어주는 꼴이 되어버렸다. 토스의 담당자도 너무도 당연히 이런 기능에 대해 별도의 설명을 하지는 않았다. 결국, 우리는 쇼핑몰에 카드 결제와 무통장 입금 기능을 붙이는 데 2주를 낭비했고 그 2주는 조금만 집중해서 내용을 읽었다면 낭비하지 않았을 시간이었다.

요약하면 카페24에서 쇼핑몰을 오픈할 경우, 사이트가 준비되었다면 결제를 붙이는 데는 단 하루면 충분하다. 단지 약간의 집중과 공부가 필요할 뿐이다. 바로 오픈 PG와 계약하고 '결제관리>결제 방식 설정'에서 신용카드 노출 설정을 '표시함'으로 바꾸면 바로 카드 결제가 가능하다.

더 구체적으로 말하면 정식으로 신용카드 결제를 붙이기 위해서는 사업을 할 준비가 되는 것이 가장 중요했다. 바로 오픈 PG를 선택함으로 카드 결제가 가능해지기는 하지만 실제로 개별 카드사들로부터 가맹점으로 승인을 얻기 위해서는 요구되는 서류를 제공하는 것과 더불어 우리의 사이트가 카드사들이 보기에 정상으로 보이게 만드는 것이 필요했다. 즉 사이트가 영업할 자세를 갖추고 있어야 했다. 임시로 만들어놓은 불법 거래를 위한 사이트로 생각될 경우 거래 승인이 거절된다는 것이었다. PG사는 여러 카드사를 접촉하여 우리를 대신하여 승인을 얻는 작업을 해주는 것이지 결국 승인의 대상은 우리의 쇼핑몰이었다. 토스로부터 처음 문자를 받은 12월 20일에서 3주가 지난 2022년 1월 11일에야 9개 카드사 모두로부터 승인을 받았다. 연말연시라는 특수성까지 겹쳐 통상 소요되는 2주보다 1주가 더 지나서야 모든 카드사로부터 가맹점이라는 타이틀을 받을 수 있었다.

약간의 우여곡절이 있었지만 신용카드 결제와 무통장 입금이 붙으면서 아직은 상품이 모두 등록되지는 않았지만 '더프로피아'는 영업을 시작할 수 있게 되었다. 가오픈이 시작된 것이다.

12. 네이버페이는 모든 것을 가져간다

소셜로그인을 붙이면서 플랫폼 사업자들의 영향력이 얼마나 큰지를 실감했다. 그런데 네이버페이를 붙이고 주문을 받아보니 네이버가 만들고 있는 커머스 플랫폼의 위력은 더 엄청나다는 사실을 다시금 깨닫게 되었다. 더프로피아는 아직 네이버 스마트스토어에 입점하지는 않았지만 아마도 조만간 어떤 형태로든 입점할 것으로 보인다. 네이버 상품 검색이라는 채널과 이를 통한 유입을 무시할 수는 없기 때문이다. 나중에 이야기하겠지만 개별 상품에 대한 메타 태그 설정[•]을 통한 유입은 중요한 고객 확보 수단이 된다. 하지만 그보다 지금 급한

● 검색에 걸리기 위한 상호명, 상품명 등에 태그를 붙이는 것을 의미한다.

일은 네이버페이를 설정하는 것이다.

네이버페이를 설정하는 것은 그다지 어렵지 않았다. 카페24의 '상점관리>채널관리'에는 네이버가 있었고 이곳에서 네이버페이, 네이버쇼핑, 네이버 소셜로그인의 설정이 모두 가능했다.* 그 설정 과정은 카페24에 상세히 설명되어 있기에 천천히 따라 하면 설정하는 것은 전혀 문제가 없었다. 설정을 위해서는 내가 이미 완료해놓은 PG사 설정과 택배사 설정이 필요했다.

그런데 네이버페이는 내가 상상하는 결제 서비스가 아니었다. 손님이 상품을 선택하고 결제를 하려고 하면 네이버페이가 다른 신용카드나 계좌이체와 함께 주문장의 결제 옵션에 등장할 것이라 생각했다. 그런데 네이버페이는 다른 차원에 존재했다. 결제창에서 네이버페이라는 결제 옵션을 찾지 못해 카페24에 문의한 결과 다음 페이지의 그림과 같은 답변을 받았다.

네이버페이는 나의 쇼핑몰에서 제공하는 또 다른 형태의 결제 수단이 아니라 네이버가 구매를 대행해주는 서비스인 것이다. 구매 대행이라는 서비스 개념은 네이버페이가 만들었고 일반적인 개념이 아니었기에 이해하는 게 쉽지 않았다.

가장 이해하기 힘들었던 점은 로그인이 된 상태에서는 네이버페이가 존재할 수 없

* 네이버 쇼핑 설정은 네이버의 쇼핑창에 쇼핑으로 입점하는 것을 의미한다.

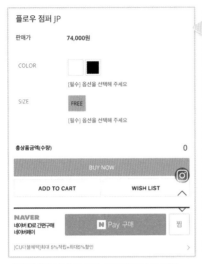

고객님, 네이버페이와 카카오구매서비스*는 비회원을 위한 구매 서비스입니다. 네이버페이와 카카오구매서비스는 쇼핑몰에 로그인 및 회원 가입을 하지 않고 구매할 수 있도록 지원하는 서비스입니다. 네이버페이와 카카오구매서비스는 타 PG사와 다르게 결제 자체가 네이버와 카카오 측에서 이루어지게 되며, 결제 수단 노출을 주문서 작성 페이지가 아닌 상품 상세 페이지 또는 장바구니 페이지에서 버튼으로 노출됩니다.

네이버페이 결제 옵션에 대한 카페24의 답변

다는 것이었다. 네이버페이는 로그인 전에만 존재 가능하고 이를 사용하는 순간 나의 고객은 옷을 주문하는 사람이 아니라 네이버가 된다. 시스템상으로는 비회원 구매가 되고, '네이버 구매대행'이라는 이름으로 결제가 이뤄지면서 배송 등의 이후의 모든 프로세스의 주도권은 네이버로 넘어간다.

그래서 네이버페이를 적용할 경우 PG와 택배사 등록을 원하는 것이다. 좀 더 과격하게 말하면 고객은 네이버로부터 상품을 구매하고 나는 네이버에

● 여기서 카카오구매서비스를 주목하기 바란다.

상품을 판매하는 것이다.

이 네이버페이의 적용은 소셜로그인과는 조금 다른 이미지로 다가왔다. 어떤 경로로 왔든 네이버페이를 선택한 순간 주문장은 네이버페이에 생성된다. 고객이 자사몰이든 지그재그든 상관없다. 네이버페이를 선택한다는 것은 단순히 결제만이 아닌 거래 그 자체를 네이버가 대행한다는 뜻이고 판매자인 우리는 네이버페이센터에서 그 모든 과정을 살펴봐야 한다. 이는 지그재그라는 마케팅 플랫폼을 사용하면서 카카오파트너센터에서 고객의 주문을 보는 것과는 다른 차원의 이야기이다. 지그재그는 고객을 만나는 곳이고 지그재그가 마케팅을 통해 우리 상품을 보여주는 노력을 하니 그런 정보의 공유는 당연해 보였다. 하지만 네이버페이는 왠지 억울한 감이 들었다.

물론 고객의 정보도 네이버페이센터에서 볼 수 있다. 비록 주문장을 우리가 갖고 있지는 않지만 배송과 CS를 담당해야 하는 판매자로서 고객의 주소, 전화번호 등에 접근할 수는 있는 것이다. 분명히 나의 상품을 구매하기 위해 나의 옷가게에 온 고객인데 그 고객이 네이버페이를 사용하는 순간 뭔가 관계가 이상하게 바뀌는 것이다.

네이버페이의 지배력이 강해지면 강해질수록 우리 상품 아래 붙어 있는 네이버페이를 떼어내는 것이 불가능해질 것이다. 만약 모든 고객이 네이버페이만을 쓴다고 가정하면 자사몰에서 회원이라는 개념은 완전히 사라질 것이다. 고객이 상품을 찾는 과정은 지그재그와 같은 패션 플랫폼에서 이뤄지지만 결제라는 과정에 도착하는 순간 네이버가 모든 것을 장악할 것이기 때문이다.

상상하면 할수록 네이버페이의 힘이 더 강하게 느껴진다. 카카오가 왜 '카카오구매서비스'라는 기능을 네이버를 따라서 만들었는지 이해가 되는 장면이다. 카카오구매서비스는 정확히 네이버페이와 동일한 서비스이다. 이제 카카오페이는 무엇이고 카카오구매서비스는 무엇인지 궁금해지기 시작했다.

13. 카카오는 뭔가 잘못하고 있다

    네이버페이에 이어서 카카오페이를 설정하기 시작했다. 그런데 네이버페이와 달리 카카오페이는 결제 수단의 하나로 간편결제 PG에 자리하고 있었다. PG에는 3가지 형태가 존재했다. 첫 번째는 신용카드 결제와 계좌이체 PG인데, 이는 가장 일반적인 PG사이다. 더프로피아는 토스를 PG사로 선택했다. 두 번째는 휴대폰 결제 PG이고 마지막은 간편결제 PG이다. 마지막 간편결제 PG를 보면 페이코, 스마일페이, 케이페이, 토스, 카카오페이 등이 있다. 네이버페이와 달리 카카오페이는 간편결제 PG로 존재하는 것이다. 카카오페이를 이용하기 위해서는 무려 50만 원이라는 가입비를 지불하고 카카오페이를 간편결제 PG사로 선택해야 한다.

결국, 네이버페이가 일종의 구매 대행 서비스라면 카카오페이는 카카오페이가 스스로 PG를 하고 있는 간편결제인 것이다. 카드 결제 PG가 거의 모든 카드사를 상대하는 것과 달리 간편결제 PG들은 자신의 페이만을 서비스하고 있었다.

카카오페이 PG와 계약하고 대금을 결제하고 나자 결제 관리 창에 변화가 생겼다. 카카오페이가 신용카드와 더불어 결제 수단으로 등장한 것이다. 카카오페이는 네이버페이와는 달리 우리가 상식적으로 생각할 수 있는 결제 수단이었다. 즉 회원으로 로그인이 된 이후에 결제창에 나타나는 결제 수단이었다. 네이버페이가 회원 로그인 전에 있는 것과 달리 카카오페이는 로그인 후에 존재하고 있었다.

결제 관리 창에 등장한 카카오페이

이 의문을 해결하기 위해 채널관리를 찾아보기 시작했고 그 결과 찾아낸 또 하나의 단어가 있었다. 바로 '카카오페이구매'라는 기능이었다. 카카오페이라는 결제 수단과 별도로 '카카오페이구매'라는 이름으로 카카오는 네이버페이와 같은 서비스를 제공하고 있었다. 카카오페이구매는 기능적으로 네이버페이와 동일했다. 결국 카카오페이와 카카오페이구매는 전혀 다른 별도의 서비스였다.

'카카오구매서비스'라는 표현을 쓴 것으로 보아 '카카오페이구매서비스'와 '카카오페이'를 구분하려 노력하는 듯했다. 결국, 네이버페이와 카카오페이구매는 로그인하지 않은 상태에서 결제라는 프로세스를 네이버와 카카오로 가져가기에 결제가 아닌 구매 대행 채널 서비스였던 것이다. 따라서 상품 상세 페이지나 장바구니에서만 존재하고 결제창에서 하나의 결제 옵션이 될 수 없었다. 그런데 채널 서비스만 제공하는 네이버와 달리 카카오페이는 별도의 PG 서비스를 제공하기에 결제창에서 또 하나의 옵션으로 카카오페이가 존재할 수 있다는 것이다. 그렇다면 네이버는 왜 이런 서비스를 제공하지 않을까? 네이버는 PG가 아닌가? 갑자기 궁금해지기 시작했다.

카카오페이는 카카오페이구매서비스를 비교적 최근인 2021년

4월에 시작한 것으로 보아 시작은 간편결제였고 네이버페이의 서비스 제공 방식이 고객 입장에서 편리하다는 판단하에 그 방식 역시 도입한 것으로 보인다. 즉 이러한 구매 대행 방식은 네이버페이가 먼저 시작하고 카카오가 이를 카피한 것으로 보인다.

아, 너무 복잡하다!!

　　　　　　　　　　　　　　　　2부 내가 할 일을 찾다

카카오가 미워지기 시작한다. 간편결제 PG를 하면서 카카오페이구매서비스를 하다 보면 많은 사람을 혼란에 빠뜨릴 것이기 때문이다. 네이버처럼 그냥 구매 대행을 하거나 간편결제 PG 서비스만 제공해야 했다. 아니 이제는 카카오의 생각을 모르겠다. 결국, 네이버페이의 경험을 살려 카카오페이구매를 설치했지만, 이 옵션을 선택해서 구매한 고객은 아직 한 명도 없었다.

결론적으로 정리하면 가장 기본적인 신용카드와 무통장 입금을 위한 PG사는 토스페이먼츠로 설정했고 카카오페이는 간편페이 PG로 별도로 설정했다. 그리고 채널 서비스를 이용해 네이버페이와 카카오페이구매서비스를 별도로 설정했다. 이 정도 되면 어느 정도 결제 수단을 갖췄다고 생각할 수 있어 보인다. 하지만 간편페이를 붙이는 것은 PG사와 계약하는 것처럼 쉽지는 않았다. 보안이라는 단어가 나타났기 때문이다.

14. http와 https

예전에는 인터넷 비즈니스를 하면서 www라는 알파벳을 가장 많이 타이핑했을 것이다. 그런데 시간이 지나면서 www는 잊히고 우리는 자연스레 'naver.com'이나 'coupang.com'을 입력하는 방식으로 바뀌었다. 그런데 알고 보면 http라는 것이 인터넷 주소 앞에 존재해왔다. 네이버의 주소창을 클릭하면 https://www.naver.com 라는 정식 주소가 나타난다. 우리는 이것이 어떤 의미인지 한 번도 심각하게 생각해보지 않았다.

http는 'Hypertext Transfer Protocol'의 약어이다. 인터넷 혹은 웹(web)이라는 것을 가능하게 해준 프로토콜의 이름이다. 그런데 이 의미를 생각해봐야 하는 순간이 발생했다.

도대체 http는 무엇이고 https는 무엇일까?

카카오페이구매는 이전 글에서 이야기한 것처럼 결제 서비스가 아니고 채널 서비스였다. 그래서 카페24에서는 '채널관리'에서 '카카오비즈니스'를 설정하면 된다. 진짜 어렵지 않았다. 대충 작성하고 첨부해야 할 서류를 제출하고 하루가 지났는데 보류 결정이 날아왔다. 내용은 다음과 같았다.

총 1건의 반려 사유가 있습니다.

메인/상품 페이지 접근 불가

쇼핑몰의 모바일 사이트에 SSL 인증서 설치가 되어 있지 않아 반려 처리되었습니다. 현재 이용 중이신 호스팅사 고객센터를 통해 SSL 설정을 진행해주신 후 카카오페이 구매 파트너센터 https://seller.pay.kakao.com/에서 재심사 요청해주세요. 카페24 SSL : http://kko.to/tLaGI1EfM

카페24 모바일 도메인(m.쇼핑몰아이디.cafe24.com)에는 SSL 적용이 안되기 때문에, 자체 도메인에 SSL 적용하여 사용하셔야 합니다. 자세한 사항은 카페24 고객센터로 문의해주세요.
인증서가 설치되어 있는데 반려된 경우에는 리다이렉트 설정(http://kko.to/N8pE2XhfT)이 되었는지 확인 후, 리다이렉트 설정과 SSL 인증서 설정 완료된 'https://도메인' 형태로 URL을 입력 후, 재심사 신청해주세요.

진짜 아무것도 모르는 사람이라면 당황할 만한 반려 사유였다.

다행히도 나는 어느 정도 훈련이 되어 있던 터라 그렇게 놀라지 않았고 나에게는 지금은 공군 정보병이 된 아들이 있었다. 내용인즉 SSL 인증서가 모바일 사이트에 설치되지 않아서 그렇다는 것이다.

친절하게도 카페24에 SSL(Secure Sockets Layer)˙을 설치하는 방법이 자세히 제시되어 있다. 해당 페이지에 가서 보니 내용은 간단했다. thepropia.cafe24.com이라는 주소에는 SSL을 설치할 수 없으니 우리의 자체 주소인 thepropia.kr에 SSL 인증서를 설치하고 위의 카페24 페이지로 리다이렉트(자동으로 연결)를 설정하면 되는 일이었다. SSL은 일종의 보안 프로토콜로 웹 서버와 웹 브라우저 간의 통신을 암호화하는 기능이다. SSL을 적용하고 반드시 해야 하는 일은 웹 페이지상에 존재하는 모든 http://를 https://로 바꿔주는 일이다. http에 왜 's'를 붙였을까 하는 궁금증(security)은 이렇게 풀렸다.

물론 이 과정에서 html 코딩 영역에 들어가야 하기에 약간의 부담이 생긴다. 하지만 정신 줄을 놓지 않으면 누구의 도움 없이도 해결할 수 있는 아주 간단한 문제였다. 카페24는 진짜 아무것도 모르는 사람들도 이 문제를 해결할 수 있도록 최선을 다하고 있었다. 관리자 메뉴에서 '디자인관리>디자인수정'으로 들어가면 코딩된 화면이 나온다. 외국어와 같은 코드들이 보이

• 여기서 'secure'라는 보안이 등장한다.

지만 다 무시하고 우상단을 보면 'https://

'https://변경' 버튼을 클릭하면 http://가 https://으로 변경된다

변경'이라는 버튼이 보인다. 위에서 말한 웹 페이지상에 존재하는 모든 http://를 https://로 바꿔주는 작업은 이 버튼을 한 번 눌러주는 것으로 끝이 난다.

https는 결국 보안(SSL) 적용이 된 'Hypertext Transfer Protocol'이었다.

카페24에서 시키는 대로 자체 주소인 thepropia.kr에 SSL 적용을 하고 리다이렉트를 허용하고 다시 신청했다. 그런데 동일한 이유로 반려가 되었다. 또다시 날아온 반려 메일에 분노하던 나를 바라보던 아들이 한마디 한다. 재심사 신청할 때 https://thepropia.kr로 했냐는 것이다. 신청서를 다시 찾아보니 https://thepropia.cafe24.com으로 되어 있었다. 보안 프로토콜을 요구하는 것이니 당연히 검사를 시작하는 URL을 체크할 것이고 그런 이유로 SSL 인증이 완료된 주소, https://thepropia.kr를 입력하는 것이 당연했다.

네이버페이의 연동은 상대적으로 쉬웠다. 이미 카카오페이에서

혹독한 훈련을 받았기 때문이다. 단 네이버페이는 카카오페이와 달리 PG 사와의 연동이 한 개 더 필요했다. 그 이유를 이해하려면 페이에 대한 공부가 더 필요해 보인다. 옷가게 하나를 열기 위해 공부해야 할 것이 너무 많다.

3부

내가
할 일이
늘어난다

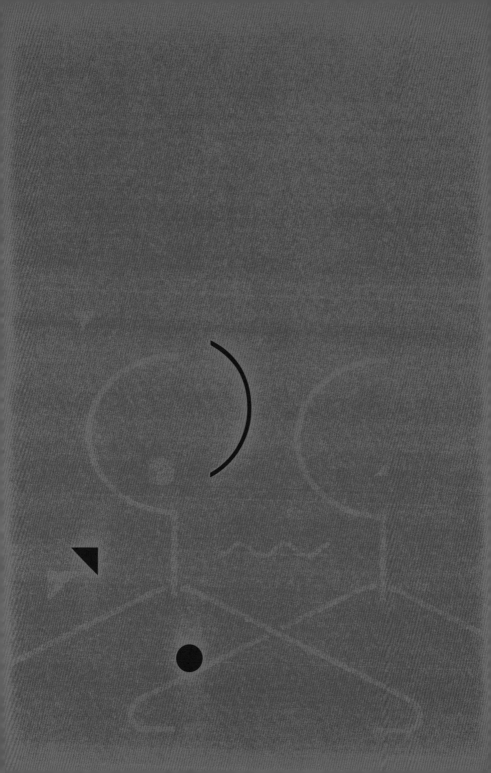

15. 착장과 상품 수(SKU)

패션은 스타일을 만드는 작업이기 때문에 착장이 하나의 단위가 돼야 한다.

H가 처음에 나에게 제시한 12월 오픈을 위한 착장 수는 150개였다.[*] 일단 착장이라는 개념은 나에게는 생소했다. 착장을 영어로 하면 스타일링 정도로 표현해도 될 것 같은데 패션 업계에서는 착장이 더 편해 보였다. 일단 유통이라는 사업에서 가장 중요한 것은 '재고 기준의 상품의 가짓수(Stock

[*] 처음 만나서 이야기할 때는 1,000 착장, 일을 본격적으로 시작한 초기에는 300 착장을 이야기했던 것으로 기억한다. 이 숫자들이 큰 의미가 없어 보이지만 결국 자사몰이 매력을 갖추기 위한 규모를 의미하기에 이 숫자가 현실적인 이유로 작아지는 것은 자사몰의 본질 경쟁력이 낮아지고 있음으로 이해해야 한다.

Keeping Unit, SKU)'인데 이 개념이 이 옷가게에서는 잘 잡히지 않았다. 패션이라는 사업이 재고로 망한다는 사실을 익히 들어왔기에 비록 무재고를 기본으로 하지만 얼마나 많은 상품 수를 유지할 것인가가 나의 가장 큰 궁금증이었다.

먼저 가장 중요한 것은 우리의 상품이 사진을 통해 보인다는 사실이었다.

고객 입장에서 한 장의 사진을 보면 그 안에는 2~3개의 상품이 모여 하나의 스타일로 나타난다. 따라서 온라인 옷가게에서 상품화의 개념은 사진으로 완성되기에 착장이 기본 단위가 되어야 하고 2~3개의 상품이 한 착장의 요소로 구성돼야 한다. 착장에는 메인이 되는 상품이 있고 나머지 상품들은 연관 상품 영역에 자리하게 된다. 물론 연관 상품과 메인 상품이 자리를 바꾸기도 한다.

그래서 일반적으로 한 착장은 2~3벌의 옷을 의미한다. 상의, 하의, 그리고 아우터(겉옷)라는 세 가지 옷이 스타일링 되어 하나의 착장이 완성되기 때문이다. 따라서 150개의 가을/겨울(FW)용 착장에 필요한 아이템의 숫자는 착장 수에 3을 곱한 450 아이템이 된다. 여기에 색상이라는 또 다른 변수를 곱하면 최종 아이템 숫자가 나온다. 2개의 색상을 구비한다는 전제하에 최종 아이템 숫자는 900개가 된다.

착장에 필요한 아이템이 150×3×2=900인 것은 원피스와 같은 하나의 옷으로 스타일이 완성되는 경우 3이 1로 바뀌고 상품에 색상이 한 개뿐일 경우 역시 2가 1로 바뀐다. 따라서 착장이 150개더라도 계절과 색상 종류에 따라 150 착장은 착장의 복잡도와 색상 수에 따라 늘어날 수도 줄어들 수도 있다. 많게는 900개(150×3×2, 색상이 평균 2종류라 가정하면)에서 최소 150개(150×1×1)까지 변화될 수 있다. 결국, 더프로피아가 2021~2022년 FW를 대비해 설정한 목표는 150 착장에 900개 정도의 아이템을 구비하는 것이었다. 하지만 상품 관리라는 측면에서 보면 색상은 옵션으로 처리되기에 상품 수는 900개가 아니라 450개가 된다. 결국 착장은 150개, 상품 수는 450개, 아이템은 900개로 정의하는 것이 맞다. 여기서 사이즈라는 최종의 요소는 일단 잊어버리기로 한다. 패션 사업의 특성상 다양한 사이즈의 상품을 구비하는 것이 당연하지만 스타트업이 여기까지 고려하는 것은 쉽지 않기에 일단 프리(Free) 사이즈를 기본으로 가정하자.

하지만 내가 착장과 상품 수를 혼동했던 이유는 다른 곳에 있었다. H가 아무것도 모르는 나에게 현실적으로 발생하는 문제들에 대해 자세히 설명해주지 않았기 때문이다. 목표는 착장을 기준으로 잡았지만 실제 옷을 사입하는 과정에서는 기획된 착장보다는 아이템 하나하나를 기준으로 의사결정이 이뤄졌다. 즉 상의가 맘에 들면 일단 구입하고 이후 구입된 아이템들을 조합하여 착장을 구성하는 일이 발생했다. 동대문과 중국 도매 사이트를 통해 나름의 착장 기획을 거쳐 옷을 구입했지만 실제 착장 시 생각했던 이미지와 다르거나 옷이 결품되는 경우 등 다양한 상황들이 발생한 것이다. H는 234개의 상품을 가지고 거꾸로 착장을 만들어가는 작업을 했던 것이다. 결국, 더프로피아의 착장 기준은 아우터 중심이 되었고 무난한 스타일링에 어울리는 상의와 하의는 중복해서 착장에 사용되었다. 1월 중순 오픈*하면서 우리가 만들어낸 착장은 200개, 상품은 234개, 그리고 아이템은 600개 정도가 되었다. 그나마 내가 이해하고 있던 상품 수 관리와는 아주 다른 숫자들을 최종적으로 갖게된 것이다. 하지만 두 달이라는 짧은 기간을 감안하면 나쁘지 않은 결과였다. 그 과정에서 목표 관리 그 자체가 불가능했다는 점을 빼고 말이다.

이 첫 번째 과정 동안에 내가 가졌던 가장 큰 불만은 왜 이렇게 관리할 수 없는 목표를 잡았는가에 있었다. H가 제시한 목표의 의미를 전혀 이해할 수 없었던 나로서는 답답한 일이었다. H가 상대적으로 높은 목표를 가졌던 첫 번째 이유는 더프로피아라는 옷

* 초기에 목표로 설정했던 12월 중순 오픈은 결국 한 달이 지연된 1월 중순으로 바뀌었다.

가게의 기본 구색에 대한 생각 때문이었다. H의 생각에 새로운 옷 가게를 만들고 대중에게 마케팅하려면 그 시작은 최소 150 착장에 900개의 아이템은 갖춰야 한다는 것이었다. 마케팅을 통해서건 지인의 추천이건 더프로피아를 방문했을 때 볼 만한 수준의 충분한 아이템이 없다면 고객은 그 쇼핑몰을 기억하지 않는다는 주장이었다. 비록 여러 가지 이유로 목표를 달성하지는 못했지만 H에게 일정 수준의 규모는 필수적이었다.

H의 생각은 존중되었고 이 목표를 채우기 위해 날을 새워갔다. 12월 초까지 200여 개의 착장에 대한 촬영이 완성되었기에 이미 촬영된 사진을 보정하여 상품화시키는 작업을 진행했다. 본래의 계획처럼 하나의 착장에 3개의 상품을 넣을 수 있다면 사진 보정의 효율은 매우 높았을 것이지만 우리는 착장 수와 상품 수가 거의 유사한 수준이었기에 사진 보정의 효율은 무척 낮았다. 사진 한 장의 보정으로 얻을 수 있는 상품 수가 제한되었기 때문이다. 그리고 사진을 보정할 충분한 인력을 확보하는 것도 힘들었다. 결국, 상품이라는 관점에서 꼬여버린 프로세스가 전체 프로세스를 비효율적으로 만들었고 오픈은 지연되었다.

실패의 이유가 무엇이었을까를 생각하기보다는 다음 시즌에 우리는 어떤 규모를 목표로 잡아야 할 것인가가 더 중요한 문제였다.

현재의 인원은 전체 프로듀서이자 사진 보정과 웹사이트 운영을 담당하는 H, 상품의 소싱과 관리, 모델 관리, 상품 상세 페이지를 담당하는 J, 그리고 파트타임(거의 풀타임으로 봐야 한다)으로 사진 촬영을 담당하는 K작가, 그리고 이제 갓 조인한 보조 MD S가 전부였다.

2021 FW를 이렇게 보냈다 하더라도 2022 SS는 제대로 준비해야 했다. 그래서 자칭 프로세스 전문가인 내가 나섰다.

노트북에 엑셀로 만든 프로세스를 가지고 말이다. 벌써 1월이 다 지나가고 있기에 3월에 봄 상품을 오픈하기 위해서는 2개월이라는 시간을 가정하고 이 인원으로 올릴 수 있는 상품 숫자를 계산해보는 것이 중요했다. 이제는 프로세스 관점에서 이 일을 봐야 한다.

16. 가게는 작지만 프로세스가 필요하다

　내가 컨설팅이라는 산업에 뛰어든 것은 1997년이다. 이때 한국에서는 프로세스 리엔지니어링(Business Process Reengineering, BPR)이 화두로 등장해 있었다. 다양한 기업들의 비즈니스 프로세스를 재설계해주는 것이 컨설팅의 주 업무였고 나도 그런 이유로 몇 개의 프로세스를 재설계하는 데 참여하였다. 하지만 기업들이 모두 스마트해지면서 이제는 BPR이라는 단어를 들어볼 기회가 거의 없다. 이제는 프로세스 그 자체를 정비하는 것은 기업의 당연한 일이 되었기 때문이다. 그 BPR을 더프로피아에서 다시 꺼내보게 되었다.*

　내가 관찰자로서 고민하면서 그려본 프로세스 맵은 다음과 같

● 눈치챘는지 모르지만 가끔 '라떼'를 하는 이유는 나이 든 사람들의 경험이 중요하다는 점을 강조하기 위함이다.

았다. 프로세스 그림을 보고 H, J, K 모두 놀랐지만 그들이 하고 있던 일이기에 쉽게 이해하고 받아들이기 시작했다. 나의 초기 프로세스는 이들과의 논의를 통해 더욱 정교화되었고 우리의 상품화 프로세스는 중국 상품이 사무실에 도착한 후부터 27일로 설계되었다. 아래 그림은 프로세스를 간략하게 표현한 것이고 그다음 그림은 현재의 인력을 중심으로 180개의 아이템을 상품화하는 시간을 측정한 것이다.

더프로피아의 상품화 프로세스

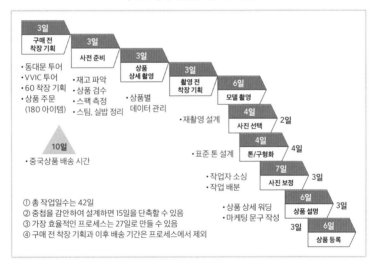

하루에 처리할 수 있는 아이템 숫자를 입력하면서 필요한 날짜를 산출한 표

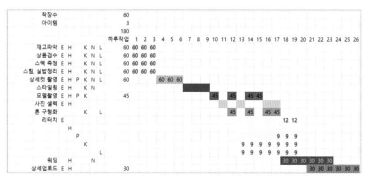

이를 위한 가정은 다음과 같다.

상품의 소싱을 중국을 기준으로 했을 때, 상품을 선정하고 구매 후 한국 도착에 소요되는 시간은 보통 7~14일이다. 따라서 상품의 선정 후에 실물이 우리 손에 들어오는 데까지 평균 10일, 배송 지연을 감안하여 2주로 가정하고 사전에 착장 기획을 마치고 주문을 완료해야 한다. 하지만 상품이 도착해야 프로세스가 시작되기에 프로세스 설계에는 제외하기로 한다.

상품이 도착하고 가장 먼저 해야 할 작업은 재고 파악, 상품 검수, 스펙 측정이다. 상품이 판매 가능한 수준인지를 확인해야 하고 상품의 치수 정보를 정리하는 것이다. 인터넷에서 상품을 구매할 때 사진이 정보의 대부분을 차지하지만 실제 치수와 소재는 매우 중요한 정보다. 상품의 선택과 정보 처리가 끝나면 상세 컷 촬영을 위해 상품의 상태를 최상으로 만드는 작업, 즉 스팀 처리와 실밥 정리 등이 필요하다. 이 작업은 전 직원이 참여하여 동시에 진행하는데 총 상품 숫자를 180개로 가정하면 하루에 처리 가능한 숫자는 60 상품이었다. 이 시점에는 상품 숫자와 아이템 숫자가 약간 뒤섞여 사용된다. 동일한 상품이더라도 착장에 있어서 다른 색상이 사용되는 경우가 있기 때문이다.

상품이 준비되면 상세 컷 촬영을 시작한다. 이 역시 하루에 60개가 최대 숫자이고 최대한 표준화된 세팅을 기반으로 이후에 사진 보정은 없는 것으로 가정했다. 이 과정 역시 180 상품 기준 3일이 소요된다.

여기까지의 과정이 끝나면 H, J, S가 모여서 다시 기획 회의를 한다. 비록 상품을 주문하는 초기에 착장 회의가 이뤄져서 주문이 이뤄졌지만 실 상품을 보았을 때 상상과 다르다거나 품질이 판매가 불가능하다 판단되는 상품을 제외하고 다시 60개의 착장을 기획하는 것이다. 이 과정에 나는 사무실에 갈 수 없다. 이들은 흡사 공주 놀이를 하듯이 스스로 입어보고 사진을 마구 찍어보는 작업을 한다. 모델에게 입혀서 사진을 찍기 전에 일종의 연습 라운딩을 하는 것과 같다. 옷을 입고 벗는 게 편해야 하기에 나는 접근이 불가능하다. 이 과정에서 180개의 상품이 다 살아날 수 있다면 더프로피아의 효율은 올라갈 것이다. 이에 필요한 시간을 3일을 잡았다. 패션 사업에서 가장 중요한 시간이라 생각된다. (숙련도가 올라가면 2일로 줄일 수 있을 것이라 주장했지만, 받아들여지지 않았다.) 이 과정이 패션 산업에서 일하는 이유일지도 모르겠다.

기획이 완료되면 모델 촬영이 이뤄지는데 하루에 15 착장을 가정한다. K작가의 큰 저항과 불만이 있었지만 H의 설득으로 하루 15 착장을 시도해보기로 했다. 단 모델 촬영은 연속적으로 하지 않고 하루 간격으로 진행하기로 했다. 모델 촬영이 이뤄지면 그다음 날 사진 선택 과정이 시작된다. 하나의 착장에 60장을 가정하고 사진을 선택한다. 이 60장은 이후 사진 보정의 대상이 되는 것이다.

현재 우리의 가장 어려운 구간인 사진 보정 시간을 최대한 줄이기 위해 사진이 선택되면 사진의 톤 보정과 구형화 작업이 곧장 이루어져 사진 보정팀에 전달된다. 즉 이제는 프로세스가 촬영팀과 사진 보정팀으로 나뉘어 진행된다.

톤 보정과 구형화의 담당자는 바로 나다.

왕자 놀이가 아닌 것은 분명하다.

모델 촬영과 사진 선택이 끝나고 나면 H는 사진 보정을, J는 상품 상세 페이지 작업(치수, 설명, 마케팅 메시지 작성)을 시작한다. 사진 보정은 숙련자가 하루에 3 착장(180장)을 진행하는 것으로 가정하고 상품 상세는 두 명의 MD인 J와 S가 풀타임으로 진행한다. 하루 30개 상품이 가능하니 이 역시 6일이 필요하다. 연관 상품, 추천 상품 등 착장을 중심으로 한 정리도 이 시점에 이뤄져야 한다. 사진 보정 작업이 끝나면 H는 상품을 등록하는 작업의 지원에 돌입한다. 이 역시 하루에 30개 상품을 최대로 가정하고 6일이 필요하다. 이 모든 프로세스를 정리한 것이 앞의 그림이다. 과연 이 프로세스가 가능할지 의문이다.

계획과 목표가 있어야 자원의 조달이 가능하니 2022년 봄의 목표 착장을 일단 60 착장으로 정하고 모든 계획을 수립하기로 한다. 하지만 먼저 2021~2022 FW 가오픈을 그랜드 오픈으로 만드는 것이 우선 과제이다. 200 착장이 올라가 있지만 군데군데 구멍이 많다. 상세 페이지에 오류도 많고 상세 컷이 빠진 상품도 많다. 착장은 기획되었는데 연관 상품이 빠진 곳도 많다. 마케팅 비용을 지불하기에 아직은 부족해 보인다. 이

• 이 60 착장을 위한 시즌 프로세스가 끝나면 이후부터는 8일이라는 짧은 프로세스가 계속 반복돼야 한다. 기존의 착장을 보충하거나 새로 찾아낸 아이템으로 'New Arrival'이라는 카테고리로 보충되는 것이다. 이 부분은 아직 시간이 있으니 천천히 정리하도록 한다.

번 주를 타깃으로 겨울 시즌의 상품화를 마감 짓고 작은 규모지만 마케팅을 시작하기로 했다. 더프로피아라는 작품을 만들었으니 어찌 되었건 세상에 알리는 것이 필요하니 말이다.

가게는 작은데 프로세스는 복잡하다.

17. 마케팅을 생각하다

    사이트가 어느 정도 완성되면서 마케팅에 대한 고민이 생기기 시작했다. 아무도 모르는 쇼핑몰을 세상에 알리기 위해서 마케팅 비용을 집행해야 하는 것은 당연한 일이지만 내가 모르는 것은 어디에 어떤 방식으로 얼마나 지출할 것인가였다. 하지만 나에게는 친구들이 많았다. 마케팅 전문가와의 세 번의 저녁을 통해 더프로피아의 마케팅은 패션 오픈마켓인 지그재그에서 먼저 진행하기로 했다. 지그재그 역시 페이스북과 마찬가지로 적은 금액으로도 마케팅이 가능한 솔루션을 제공하고 있었다. 이름은 '파워업 AI 광고'였는데 예산만 정하면 지그재그가 자동으로 메인 페이지와 검색

페이지에 우리의 상품을 노출해주는 방식이었다.

광고 방식을 결정하고 나니 마음은 한결 편했지만 나에게 남아 있는 가장 큰 문제는 얼마를 집행할 것이고 그 광고의 목표를 어디에 둘 것인가였다. 이 글을 쓰게 된 이유이기도 하지만 나는 과거 10여 년 동안 실무라는 것을 거의 해본 적이 없다. 누구는 사장이 직업이라고 하지만 나는 사업본부장이 직업이었다. 싸이월드본부장, 네이트닷컴본부장, 미디어본부장 등이 나의 직업이었지 광고 집행과 같은 실무에 대한 경험은 전무했다. 그래서 광고를 집행함에 있어 필수적일 수 있는 프로토콜이 내 안에 존재하지 않았다. 하지만 나에게는 다른 종류의 DNA가 있었다.

나의 일하는 방식으로 보면 먼저 광고비를 집행하는 목표가 명확해야 했다. 그래야 광고비 집행의 정당성이 생기고 후회가 남지 않기 때문이다. 일단 나의 목표는 비록 오픈이 늦어졌지만 마케팅을 통해서 일정 수준의 매출을 올려서 수익을 확보하는 것이었다. 그런데 과연 이 광고 집행을 통해 매출을 확보하는 것이 가능할 것인가에 대한 의문이 생기기 시작했다. 물론 상당한 금액을 지출한다면 가능하겠지만 이 역시 투자 대비 효율이 문제일 것이기 때문이다. 결국, 하나의 주문을 받기 위해 얼마만큼의 마케팅 비용을 집행할 것인가의 문제로 귀결되었다. 하지만 문제는 다른 곳에도 있었다. 우리는 이미 시작이 늦었기에 2021~2022 겨울 시즌은 끝나가고 있었고 이제는 모두 봄 시즌을 준비하고 있었다. 게다가 우리의 상품은 자체 제작이 아닌 동대문 혹은 중국 사입이기에 이미 시장에 중복되는 상품이 존재하고 있었다. 여기에 시즌 오프 세일도 시작되기에 우리 제품은 현실적으로 가격 경쟁력을 갖기도 어려웠다. 이미 유명 쇼핑몰들은 시즌을 넘기기 위해 80% 세일을 시작하고 있었다.

고민이 깊어가는 즈음에 모 광고 대행사에서 미디어본부장을 하고 있던 후배를 만나게 되었다. 퍼포먼스 마케팅에 대한 조언도 얻을 겸 저녁을 하는 자리에서 그는 나에게 마케팅의 본질을 다시 깨닫게 해주었다. 그가 나에게 던졌던 질문은 만약 내가 오너나 투자자가 아닌 사업본부장이었다면 이 쇼핑몰의 마케팅을 어떻게 하겠냐는 것이었다. 더프로피아는 이제 갓 만들어진 새로운 쇼핑몰이고 지속적인 충성 고객 확보를 목표로 한다. 따라서 장기적으로 더프로피아를 사랑하는 팬덤을 구축하는 것이 무엇보다 중요하다. 지금 시점에서 매출에 연연하는 것은 내가 사업본부장이었다면 반대했을 목표였다. 창업자이자 투자자 입장이 되면서 나는 나의 목표를 잘못 잡아가고 있었던 것이다.

결국, 더프로피아의 마케팅 목표는 지그재그에서 즐겨찾기 숫자를 늘리는 것으로 정했다. 판매가 이뤄지지 않더라도 즐겨찾기 숫자가 충분하다면 우리는 다음 단계로 나갈 수 있을 것이기 때문이다. 이를 위해 우선 지그재그의 파워업 AI 광고에 매일 10만 원씩 예산을 집행하기로 했다. 예산을 집행하기 시작하자 효과는 분명히 나타나기 시작했다. 방문자 수도 늘어나고 상품 페이지 방문도 많아졌다. 방문 수에 비해 매출이 곧바로 늘어나지는 않았지만 개의치 않기로 했다. 하지만 즐겨찾기가 늘지 않는 것은 가슴이 쓰렸다.

우리의 생각과 달리 우리의 사진들을 가지고 노는 고객들이 별로 없어 보였다. 이미 겨울 시즌이 끝나가고 있기 때문이다. 시즌이 끝나가기에 통 큰 세일들이 범람하고 있고 고객들의 손가락은 겨울 옷들을 스킵하고 있었다. 아무리 일정 수준의 구색을 위해 필요했다고는 하지만 고생했던 사진들이 외면당한다고 생각하니 마음이 아프다. 솔직히 개의치 않기로 했지만 매일 통계를 보고 있는 마음은 편안하지 않다. 지루함을 견뎌야 한다.

이제 멘탈이 중요한 시점이다.

18. 인스타 마케팅을 시작하다

    지그재그를 통한 마케팅은 쉽게 피로감을 만들어냈다. 크지 않은 금액이지만 예산을 집행해도 우리가 원하는 성과는 잘 나오지 않았다. 누군가가 이야기했던 퍼포먼스 마케팅에 대한 유산균 비유가 생각났다. 수억 마리의 유산균 중 장까지 살아가는 놈은 몇 마리 안 된다고 말이다.

    시즌이 끝나가고 있다는 조급함에 전체적인 상품 가격에 대한 조정도 진행했고 배송도 모두 무료 배송으로 바꾸었다. 지그재그 광고 도구에서 즐겨찾기 쿠폰도 만들었다. 그냥 즐겨찾기만 하면 받을 수 있는 아무 조건 없는 쿠폰이었다. 어느 정도 모양새를 갖춘 것으로 생각하고 아무 생각 없이 한 달 정도를 지켜보기로 했다. 하지만 예산을 집행하고 비가 내리기를 기다리는 마케팅은 역시 재미가 없었다. 마케팅은 재미가 있어야 하는데 그렇지 못한 것이 조금 억울했다. 그래서 인스타 마케팅을 시작했다.

물론 내가 인스타 마케팅에 대해 심도 있는 이해를 갖고 있는 것은 아니다. 하지만 팬덤 형성이 목표인 우리에게 인스타그램은 선택이 아닌 필수였다. 문제는 H와 J 모두 인스타와 친하지 않다는 사실이다. 물론 인스타를 하기는 하지만 인싸가 아닐뿐더러 열심히 하는 부류도 아니었다. 다행히 신인류인 S는 인스타그램과 친했고 매일 매우 열심히 하는 친구였다.

간절기 상품이 도착하고 추가 모델 촬영이 있던 날 S는 촬영 과정을 아이폰으로 녹화했고 우리는 이를 페이스북 릴스의 첫 콘텐츠로 사용하기로 했다. 모델인 A도 이를 자신의 인스타에 공개하기로 했다. 뭔가 자생적이면서 자발적인 인스타 활용이 시작됐다. 나의 주장에 밀려 H는 12월 초에 더프로피아의 인스타 계정을 만들어두었고 상품 사진을 편집하여 일주일에 2~3번 사진을 업로드하고 있었다. 비록 댓글은 없었지만 정성이 들어간 사진이어서 그런지 '좋아요'는 100개에 육박하고 있었다. 이런 약간 조용한 인스타를 이제 시끄럽게 만드는 작업을 해야 하는 시점이었다.

인스타 마케팅의 중심이 된 S는 더프로피아의 팔로워가 1,000명은 되어야 다른 패션 인사들과 맞팔이 용이하다고 했다. 66명의 팔로워에 불과했던 우리의 인스타 파워로는 맞팔을 요구하기가 쉽지 않다는 뜻이다. 그래서 내가 나서기로 했다. 비록 나의 페이스북 지인이나 브런치 팔로워들은 더프로피아의 타깃 고객은 아니지만 이들에게는 딸이 있고 여사친과 동료들이 있을 것이기에 이들의 도움을 바탕으로 1,000명의 팔로워를 만들어보기로 했다. 아침에 페이스북에 도움을 요청하고 오전 내내 카카오톡을 붙잡고 링크를 '복붙'하기 시작했다.

1,000명에는 못 미치지만 만 하루 만에 더프로피아의 팔로워 숫자는 201명에 도달했다. 물론 더 열심히 해야겠지만 일단 200을 돌파한 것으로 나의 바통을 S에게 넘겨주기로 했다. 아무리 생각해도 나의 페친들을 너무 괴롭힌다는 생각도 들었다. 심지어 인스타 계정을 갖고 있지 않은 페친도 많으니 말이다.

하루 동안의 나의 조르기 과정은 내가 어떤 인생을 살았는가를 조금 뒤돌아보게 만들었다. 몇 년 만에 카톡을 한 친구도 있었고 과거 다니던 식당 사장님도 있었다. 예전에는 함께 취미 활동을 자주 하던 친구도 있었고 내가 무려 10번이나 직장을 옮기면서 만났던 수많은 동료도 있었다. 거의 만 하루를 카카오톡과 보내면서 느낀 것은 역시 사람은 사람들과 더불어 살아야 한다는 사실이다. 130여 명이 시간을 내서 인스타에 팔로우를 해준 것도 너무 고마운 일이지만 하루 동안에 다시 연결되고 만들어진 약속이 10개가 넘어가고 있다. 코로나 오미크론 상황에서 사람을 이렇게 만나는 것이 올바른 일인지는 모르지만 만날 사람이 있고 만나고 싶은 사람이 있다는 것은 참 행복한 삶인 것 같다.

H, J, S는 나의 인스타 팔로워 늘리기에 감동했는지 메이크업을 하기 시작했다. 성수동의 핫플레이스를 찾아 자신들이 좋아하는 착장을 하고 사진을 찍겠다는 것이다. 물론 엄청난 포토샵 수정을 통해 스스로의 존재는 숨기겠다고 하지만 어떤 사진들과 영상들이 탄생할지는 모르겠다. 모델들의 인스타 활동도 중요하지만 우리 식구들의 일상적인 인스타 노력이 반드시 필요하다는 나의 요구를 들어준 것이다. 앞으로 인스타 마케팅을 어떻게 할지는 잘 모르겠다. 나름 어그로를 끌만한 콘텐츠를 만들겠다는 H의 의지에 기대를 해본다. 아울러 페이스북숍도 연동해서 열어야 할 것이기에 내가 해야 할 일이 많아질 것이다. 인스타를 통해 커머스는 페이스북숍으로 연동하는 것이 자연스러울 것이기에 말이다.

그리고, 다음은 내가 하루 내내 복붙한 카톡 메세지이다. 당연하게도 솔로인 친구들은 딸도 없고 여자 동료도 없다는 불만을 표시해왔다.

제가 옷가게 창업기라는 책을 준비하면서 진행하고 있는 패션 쇼핑몰입니다. 마케팅 테스트를 위해 인스타 팔로워를 늘리고 있는데 잠시만 시간을 내시어 인스타 팔로우를 부탁드립니다. 따님이나 여자 동료들에게 알려주시면 더욱 감사드리고요. https://www.instagram.com/thepropia/

19. 관련 상품과 스타일 판매

지금은 야놀자에 인수된 인터파크는 쇼핑, 여행, 공연, 도서라는 4가지 인터넷 쇼핑 사업을 갖고 있었다. 4개의 사업 부문으로 운영되고 있었고 각 사업 부문에 대표가 존재했다. 내가 인터파크 총괄 사장으로 부임했을 때 이 4개의 사업 부문은 그냥 따로 노는 사업이었다. 물론 시스템도 개별적으로 개발되어 유기적인 연동도 어려운 서비스였다. 이런 구조로는 앞으로 나갈 수 없을 것이라 생각했기에 '문화', 'Culture', '여가'라는 개념으로 인터파크를 다시 만들려고 시도했다.

우리가 여름에 인도네시아 발리로 여행을 간다면 인터파크는 발리에 관련된 모든 콘텐츠를 쇼핑, 여행, 공연, 도서라는 관점에서 제공하는 그런 이미지 말이다. 나의 노력은 부문 대표들의 조직적인 반항과 오너의 시큰둥한 반응으로 좌절됐다. 그때 인터파크에서 뭔가를 해낼 수 있었다면 지금 어떤 모습일까 상상을 해보지 않았지만 야놀자가 '여가 테크 슈퍼 앱'을 표방하는 것을 보니 여전히 안타깝기는 하다. 이제는 좀 더 큰 개념을 가지고 자신의 영역을 분명히 해야 하는 시대가 오고 있는 것 같기에 말이다.

다시 더프로피아로 돌아가면, 더프로피아가 추구하는 옷가게는 스타일링 편집숍이다. 한 장의 사진 안에는 최소 두 벌의 옷이 존재하고 어떤 경우에는 신발과 액세서리도 함께 등장했다. 패션이라는 하나의 추상화된 이미지를 다양한 상품을 통해 만들어가는 것이기에 결국 우리는 옷을 파는 것이 아니라 스타일링을 판매하는 것이다. 하지만 적은 인원으로 많은 상품, 많은 사진을 만지다 보니 의도한 대로 모든 것을 만들어내는 것이 힘에 겨웠다. 그리고 우리의 본질인 스타일을 상품화에 적용하는 것을 소홀히 하고 있었던 것은 사실이다.

더프로피아의 인스타 마케팅을 위해 주변 친구들에게 알리다 보니 여사친님들의 문의들이 많이 들어왔고 그 과정에서 우리가 중요한 것을 빼먹고 있다는 것을 알게 되었다. 스타일링을 해놓고 그

스타일링을 판매하려고 노력하지 않았던 것이다. 정확하게는 상품 하나하나 판매에만 집중했지 그 상품과 함께 스타일링 된 상품을 함께 판매하는 데 소홀했다. 변명의 여지가 없었다. 페친님의 요구는 아주 간단했다. 사진에 있는 착장을 한 번에 사고 싶은데 너무 불편하다는 것이다.

　페친님은 사진에 있는 카디건과 팬츠를 모두 사서 모델과 같은 룩을 만들어보고 싶었다. 그래서 두 상품을 한 번에 사고 싶었는데 그럴 수가 없었던 것이다. 카디건을 사고 다시 팬츠를 사야 하는 그런 단선적인 프로세스만이 존재했다. 물론 각각의 상품 분류에서 모두 동일한 사진이 있으니 상품을 찾는 것은 가능했지만 그 불편함은 어떻게 할 수 없었다. 더 중요한 문제는 우리 사업의 본질인 스타일을 판매하는 기능이 없었던 것이다. 그래서 일단 내가 해결해보기로 했다.

페친님이 원했던 룩의 사진

카페24에는 연관 상품 판매 기능이 분명히 있을 것이기에 그 기능만 찾아내면 어렵지 않게 이 문제를 풀 수 있을 것이라 생각했기 때문이다. 물론 그 기능을 찾아내는 데는 얼마 시간이 걸리지 않았다. 카페24의 상품관리에는 '추가구성상품'과 '관련상품'이라는 메뉴가 존재했다. 추가구성상품은 일종의 함께 파는 상품을 올려놓는 것인데 면도기를 팔면서 면도날을 추가 구성으로 파는 것이다. 우리의 착장, 스타일링을 그런 의미로 해석할 수도 있지만 추가구성이라는 의미는 스타일링과는 약간 결이 달랐다. 스타일링은 더욱 자유로운 조합을 의미하기 때문이다. 즉 관련 상품이 더 적합했다.

관련 상품이라는 메뉴는 영어로 'related item'으로 연관된 상품을 보여주는 메뉴였다. 정확히 다양한 스타일링의 가능성을 의미했다. "이 치마와 어울리는 블라우스는 이런 것들이네요"라고 말하는 그런 장면의 연출이다. 일단은 함께 촬영된 사진들 속의 상품들만 올라가지만 사진 촬영이 이뤄지지 못하더라도 관련 상품의 추천은 가능해 보인다.

상품 하나하나를 보면서 사진 속에 있는 상품들을 찾아가며 끙끙 앓고 있는 나를 보던 H가 자신이 하던 일을 멈추고 다가왔다. 뭔가를 해결하기 위해 헤매고 있는 나의 노력이 안쓰러워 보였던 모양이다.

내가 '가오리 스트라이프 니트 카디건'과 같이 찍은 바지가 '리오 하이웨이스트 와이드 팬츠'인 것을 어떻게 알 수 있을까? 그저 눈으로 하의(bottom) 카테고리에서 비슷한 치마와 동일한 사진을 찾으려 노력했으니 작업이 더딜 수밖에 없었다. 나로서는 신기할 정도로 H는 빠른 속도로 상품 이름들을 불러댔고 나는 상품관리 메뉴에서 빠르게 입력해나갔다. 둘이서 3시간을 투자한 결과 200개의 상품의 모든 관련 상품을 채워낼 수 있었다. 내가 H의 상품 인지 속도에 놀랐듯이 H는 나의 입력 속도에 놀랐다. 나는 어떻게 해서든 단순 작업을 빠르게 할 방법을 찾았고 그래서 H를 놀라게 할 수 있었다. 처음으로 서로의 능력을 인정하면서 함께 작업을 해낸 것이다.

모든 작업을 마치고 나니 내가 더프로피아의 상품을 모두 한 번씩은 만져본 느낌이 들었다. 실제 사업 운영이라는 것을 비로소 실감한 것이다. 크로스 셀링, 업 셀링 등의 용어는 컨설팅과 자문을 하면서 손쉽게 뱉어내곤 했지만 그 과정에 얼마나 세세한 손길이 필요한지를 느낀 것은 처음이기 때문이다.

결국 연관 상품이 갖춰지면서 더프로피아는 드디어 이리저리 옮겨 다니며 놀 수 있는 그리고 스타일링 구매가 가능한 옷가게가 되었다. 이 사건은 얼마 뒤에 우리의 옷가게를 스타일 플랫폼으로 변화시키는 계기가 된다. 스타일이라는 이야기는 많이 했지만 시장에 대한 이해가 부족했고 스타일과 플랫폼을 어떻게 연결할지 고민할 여유가 없었기에 수면 아래 있었던 스타일링이라는 갈증이 조금씩 커가기 시작하고 있었다.

20. 게시판 문의가 들어오다

긴 하루를 마치고 집에 돌아와서 더프로피아의 글로벌 운영에 대해 아내와 이야기를 나누고 있었다. 무언가 우리가 잘할 수 있는 방향으로의 진화를 선택해야 했기에 글로벌이라는 단어는 왠지 가능성이 있어 보였다. 일단 영어 쇼핑몰은 우리에게 어렵지 않은 선택이었고 이를 관리해줄 지인도 있었다. 그러던 중 아내가 무언가를 발견하고 알려주었다. 더프로피아 홈페이지 Q&A 게시판에 질문이 남겨 있다는 것이다. 홈페이지 제작을 외부에 의뢰했기에 Q&A 게시판이 어디에 존재하는지도 모르는데 질문이라니…. 카페24에는 역시 없는 기능이 없었다. 최상단의 메뉴에 '게시판 관리'가 떡

하니 자리 잡고 있었다.

게시판이라니, 참 오랜만이다.

게시판에 들어가 보니 글이 한 개 올라와 있었다. 첫 게시글이니 반갑기도 했는데 내용은 적립금의 사용에 대한 문의였다.

> 가입하면 받는 적립금 2,000원을 첫 주문하면서 사용하려 했는데, 적립금 사용/할인 적용이 안 되는 거 같아요. 어떻게 사용할 수 있을까요?

과거 SK텔레콤에서 같이 일했던 동료가 고맙게도 나의 카카오톡 홍보를 보고 더프로피아를 방문해 회원 가입하고 상품을 구매했다. 그런데 결제 단계에서 가입 기념으로 받은 2,000원의 적립금을 사용할 수 없는 모양이다. 그래서 고맙게도 게시판에 글을 써준 것이다. 손님으로서의 질문이라기보다는 동료로서 더프로피아의 서비스를 걱정한 모양이다.

더프로피아의 홈페이지에는 회원 가입 기능이 있고 회원 가입하면 2,000원을 지급하는 이벤트가 걸려 있었다. 아마도 홈페이지 제작사가 기본적으로 만들어놓은 설계일 것이다. 그래서 홈페이지에서 아이디를 만들고 가입한 고객은 2,000원의 가입 환영금을 받는다. 지그재그에는 첫 구매 시에 장바구니 쿠폰으로 1만 원, 즐겨찾기 쿠폰으로 5,000원을 세팅해놓았는데 정작 우리 홈페이지에서 회원 가입한 분들에게는 2,000원이라는 소박한 환영을 제시하고 있었다.

아, 여기에도 구멍이 있었구나!

그런데 문제는 그 구멍만이 아니었다. 카페24의 기능을 살펴보니 적립금은 1만 원이 쌓여야 사용할 수 있고 5만 원 이상의 구매에만 사용 가능하다. 기능을 만들면서 기본적인 숫자를 안전하게 세팅하다 보니 보수적인 숫자들을 적어둔 것으로 보인다. 하지만 환영한다는 의미에서 지급하는 2,000원을 당장 사용할 수 없다는 것은 뭔가 앞뒤가 안 맞았다. 일단 가입 환영 적립금을 1만 원(5,000원권 2매)으로 올리고 3만 원 이상에 사용할 수 있도록 수정했다.

그리고 오랜만에 게시판에 운영자로서 답글을 달기 시작했다. 답변을 읽을 당사자를 알고 있기에 공식적인 글보다는 감사와 카페24의 기본 세팅 그리고 나의 게으름과 모자람에 대한 글을 여러 번

썼다 지웠다를 반복했다. 한때 유행했던 게시판 마케팅의 사례도 떠올랐고 게시판을 어떻게 활용해볼까 하는 고민도 잠깐 해보았다. 게시판이라는 기능은 아직도 살아 있는 '네이트판'처럼 AI의 시대에도 충분히 살아남을 수 있는 공룡이니 말이다.

회원가입 이벤트 페이지.
적립금을 1만 원(5,000원권 2매)으로
인상했다.

첫 게시물을 써준 옛 동료에게 감사를 표하고자 하는데 내가 아는 것이 너무 없었다. 그래서 추가로 적립금을 지급하는 방법과 쿠폰을 발행하는 방법을 공부했다. 역시 카페24에는 없는 기능이 없었다. 결국 게시판만 공부한 것이 아니라 적립금과 쿠폰에 대한 지식도 익힌 것이다. 시간은 자정을 지나 새벽이 되었지만 오늘도 한 발자국의 진보를 만들어냈다.

P 매니저, 고마워요!

21. 고객 소통의 도구를 만들다

봄 시즌을 준비하면서 꿈을 꾸었다. 아침에 일어나 보니 주문이 500개가 들어온 것이다. 주문만 500개 들어온 것이 아니라 전화가 계속 울린다. 옷가게를 열기 위해 가입한 유선전화(02-XXX-0333)가 계속해서 울려대는 것이다. 그러던 중 잠에서 깼다. 하루에 주문이 500건이 들어온다면 영혼이라도 팔겠지만 무엇보다 나를 괴롭힌 것은 계속해서 울려 대던 전화였다. 우리는 전화로 응대하는 것이 불가능한 비즈니스이기 때문이다. 그래서 공부를 시작했다.

연구 결과 인터넷 쇼핑몰에 가장 적합한 상담 창구는 역시 카카오톡이었다. 카페24에는 '카카오톡 채팅 상담'이라는 앱이 있다. 여기서 앱이라는 의미는 카페24라는 인프라 플랫폼이 외부 솔루션 제공 기업과 협력하여 만들어둔 서비스를 의미한다. 이미 언급한 '지그재그 상품 연동'이나 '페이스북 채널' 등이 모두 이런 앱에 해당하고 카페24 메뉴상 '앱스토어'에 들어가면 모두 존재한다. 물론 대부분의 경우 무료로 사용 가능하다.

이 앱을 설치하기만 하면 자연스레 우리의 자사

카카오톡 채팅 상담 앱.
왼쪽 하단에 상담하기 아이콘이 보인다.

몰 및 그와 연동된 마켓플레이스(지그재그)에 카카오톡 상담하기라는 아이콘이 등장한다. 고객은 더프로피아 홈페이지에서 이 아이콘을 클릭하면 더프로피아와 카카오톡 채팅 상담이 가능하다. 일종의 고객센터 아이콘이 홈페이지에 생성된 것이다. 참고로 인스타그램 아이콘은 채널 세팅을 통해 이미 우리의 홈페이지에 둥둥 떠

다니고 있다.

물론 모든 과정이 이렇게 쉽게 만들어지지는 않는다. 사전에 설정해야 하는 작업이 존재한다. 바로 '카카오톡 채널'을 만들어야 한다. 카카오톡 채널은 일종의 비즈니스를 위한 기업용 카카오톡 아이디라 이해하면 된다. 개개인이 카카오톡 아이디를 가지듯이 비즈니스를 하는 기업도 아이디가 필요하다.

더프로피아는 카카오톡의 소셜로그인을 만들면서 이미 '더프로피아' 비즈니스 채널을 만들었기에 이 과정은 쉽게 해결되었다. 하지만 문제는 여기서 끝나지 않는다. 고객이 저 아이콘을 클릭해서 질문을 던지면 우리는 어디선가 이에 답을 해야 한다. 바로 이 채널이 카카오톡 채널이다. 요즘 많은 기업이 카카오톡으로 고객과 소통한다. 배송 확인을 위해 쿠팡의 카카오 채널 추가를 했던 것을 기억하면 된다. 즉 상담을 위해서는 비즈니스 주체인 기업의 카카오 계정이 있어야 하고 우리는 이를 '카카오 비즈니스 채널'이라고도 하고 '카카오톡 채널'이라고도 한다.

과거 카카오는 이를 카카오 '플러스친구'라는 이름으로 운영하였었는데 2019년 7월 '카카오톡 채널'로 이름을 변경했다. 하지만 아직도 곳곳에서 플러스친구라는 표현이 보이는 것을 보면 카카오라는 기업이 가진 조직의 문제점을 느낄 수 있다. 카카오가 하도 자주 용어를 변경하는 바람 에 혼동이 심하지만 이제 는 '카카오톡 채널'이라 기 억하면 된다. 하지만 앱스 토어에서 '카카오톡 채널'

을 찾아보면 나오지 않는다. 어이없지만 '카카오톡 채널 관리자'라 는 이름으로 애플리케이션이 존재한다. 카카오톡 채널은 사용자를 위한 앱이 아니라 관리자를 위한 앱이기 때문이다.

카카오의 작명 센스는 그냥 무시하고 이 앱을 설치하면 처음에 설치한 '카카오톡 채팅 상담'과 연결된다. 고객이 홈페이지에서 카 카오톡 상담을 누르면 채널 관리자 앱에서 대화창이 열리고 상담이 이뤄지는 것이다. 물론 이 상담을 내가 할 수는 없기에 H, J를 관리 자로 추가해야 한다. 이 역시 그다지 어렵지 않다. 마스터 관리자로 서 이들을 초대하면 된다. 관리자로 초대받은 사람은 카카오톡으로 인증을 하고 '카카오톡 채널 관리자' 앱을 설치하면 매니저로 등록 된다. 드디어 고객센터가 열린 것이다.

여기까지는 모두 무료이다.

그런데 저녁이 되자 이 아이콘이 사라져버렸다. 아니 오락가락하기 시작했다. 아이폰에서 보이는데 안드로이드에서는 안 보인다. PC에서 나타났다가 사라지기도 한다. 무료 서비스지만 너무 안정성이 떨어져 보인다. 카페24 CS에 문의를 넣었더니 하루 만에 답이 왔다. 무료로 제공되는 100건의 의미가 횟수가 아니라 아이콘의 노출 숫자였다. 방문자가 하루 100명이 넘으면 무조건 유료로 전환해야 한다. 즉 월 8,000원짜리 유료 서비스를 구매해야 한다. 플랫폼을 최대한 무료로 사용하는 것이 이번 프로젝트의 목적인데 자꾸 한계에 봉착하는 느낌이다.

더 나아가 주문이 많아지고 고객 문의가 늘어나면 더욱 고도화된 서비스가 필요할 것이다. 여러 유료 서비스들이 제공하는 기능은 다양한데 예를 들어 상담 고객의 주문 이력이나 개인 정보를 보면서 상담할 수 있으니 효과적인 상담을 진행할 수 있다. 거기에 챗봇과 같은 기능으로 기본적인 초기 대응도 가능하다. 참 고마운 기능인데 하루빨리 이 기능들을 사용할 수 있는 날이 왔으면 좋겠다.

22. 부가세는 수학이 아닌 산수다

지그재그에는 '스토어픽'이라는 프로모션 기능이 있다. 매번 진행되는 프로모션마다 특징이 있지만 이번에는 미끼상품 프로모션이다. 매력적인 가격의 미끼상품을 만들어서 스토어로의 유입을 만드는 방식이다. H는 여기에 응모하고 싶어 했다. 문제는 미끼상품한 개는 반드시 40% 이상의 할인이 적용돼야 한다는 것이다. 우리의 상품 가격은 이미 약간 할인을 해놓은 상태이고 우리는 높은 할인을 적용할 생각이 원래부터 없었기에 40% 할인이라는 것은 판매=적자일 가능성이 컸다. 한동안 혼자 열심히 고민하더니 H가 어려운 일을 해냈다고 자랑이다. 기존에 우리가 정했던 마진율 70%를

100%로 올려서 소비자가를 정하고 여기에 할인하면 된다는 것이다. 물론 H의 이 시도는 지그재그 관리팀에 의해 좌절된다. 한번 소비자가를 정했던 상품을 프로모션을 위해 가격 인상하는 것은 프로모션 탈락 사유였다. 그런데 내가 들여다보니 그녀의 계산은 구멍 투성이였다. 사람들이 온라인 쇼핑몰을 하면 세금 때문에 망한다고 하는데 H 역시 그 세금에 대한 개념이 정확히 잡혀 있지 않았다.

H가 프로모션 대상으로 선택한 상품의 매입 가격은 2만 5,000원이었다. 그리고 여기에 H의 계획대로 마진을 100% 붙여서 소비자가를 설정한다. 일단 소비자가는 5만 원이다. 여기서 40% 할인을 적용하면 3만 원이 된다. 우리는 무료 배송을 원칙으로 하니 배송비와 포장비를 합해 3,300원이 들고 프로모션이니 Z결제를 적용해서 5.5% 수수료 1,650원이 지그재그에 지급된다. 결국 우리는 이 상품의 판매로 50원이 남는다는 것이 H의 셈법이다. 하지만 H는 부가가치세라는 세금을 완전히 잊고 있다.

먼저 동대문에서 매입할 때는 현금으로 거래한다. 1만 원짜리 묶음을 들고 다니면서 상품을 구매해온다. 구매 시점에 세금계산서는 발부되지 않는다. 물론 세금계산서를 발급하지 않으면 그냥 무자료 매입이 되는 것이다. 그래서 매달 초 매입 자료를 확보하기 위해 H는 장끼(영수증)를 뒤적이며 각각의 매입 도매상에 부가세를 추가로 송부하고 세금계산서를 발급받는다. 위의 경우 사업처에 2,500원을 송금하고 25,000+2,500원의 매입 세금계산서를 받는 것이다. 정확히 표현하면 우리의 매입 금액은 부가세 포함 27,500원이 맞다. 우리는 27,500원에 구입해서 부가세 포함 3만 원에 판매하는 것이다. 내가 H에게 매출 부가세에 대해 물으니 잊었다고 하더니 3,000원이라 한다. 하지만 이 역시 틀렸다. 총 판매가격이 3만 원이면 매출 부가세는 이를 1.1로 나눈 2,727원이다. 우리는 매출 계산서를 27,272+2,727원을 신고한다. 결국 매출 부가세와 매입 부가세 간의 차이인 227원의 부가세를 내는 것이 된다. 따라서 우리는 이 상품을 27,500원에 사서 30,000원에 판매하니 매출이익은 2,500원이고 무료 배송과 결제 수수료 4,950원이 지출되고 부가세로 227원을 납부하니 한 장 팔 때마다 2,677원 적자인 것이다.

H의 머릿속에는
부가세라는 개념이 전혀 없었다.

옷 한 장을 팔아서 50원을 버는 것과 2,677원을 잃는 것은 크다면 크고 작다면 작은 차이다. 고객 획득 비용이라는 면에서 보면 어차피 인건비, 임대료 등의 간접비는 한 푼도 고려되지 않았기에 두

계산 간의 차이가 커 보이지 않는다. 하지만 많은 쇼핑몰이 부가세 신고 시기가 오면 머리를 감싸 안는다고 한다. 예상과는 달리 부가세가 많이 나오기 때문이다.

사업을 처음 하면서 부가세 통장을 별도로 만들라는 조언을 받곤 했었다. 물론 내가 했던 사업은 컨설팅이었으니 매입 부가세는 거의 없었고 매출 부가세만 존재했었다. 대부분의 비용이 인건비였기에 매 분기 부가세를 지불해야 했다. 그래서 세금계산서를 발행하고 입금이 들어오면 부가세만큼을 별도의 통장에 저금하는 방식을 택했다. 3개월마다 돌아오는 부가세 납부를 고통이 아닌 당연한 일상으로 만들기 위해서 말이다.

이 책을 쓰기 시작하면서 수많은 인터넷 쇼핑몰들이 부실한 세무 관리로 인해 망해간다는 이야기를 많이 들었다. 하지만 세무는 수학이 아니다. 산수다. 기본적인 원칙만 이해하고 있으면 국세청을 원망할 이유도 없다.

결국, 한 개 팔면 2,677원 적자라고 가르쳐주니 H는 그럼 안 하겠다고 한다. 역시 단순하다.

23. Z세대도 나름이다

오늘 첫 출근하기로 했던 직원에게 문자가 왔다. 곰곰이 생각해보니 자기와 안 맞을 것 같단다. 벌써 몇 번째인지 모르겠다. 인터뷰하는 순간에는 열정이 만수르급인데, 막상 출근 전날이 되면 생각이 바뀌는 모양이다. 면접 때에도 마찬가지다. 하루 일정 전체를 비워서 4~5명의 면접 일정을 잡아두면 그중 한두 명은 아무런 연락도없이 나타나지 않는다.

내가 사람을 뽑으려는 이유는 인스타그램을 통한 마케팅을 하기위함이다. 그래서 인스타를 열심히 하는 1990년대 후반 출생, Z세대를 한 명 회사에 두고 싶었다. 현재 회사의 주축은 모두 1990년생으로 우리의 핵심 타깃인 20대와는 약간 거리가 있었다. 싸이월드를 하던 시절 2000학번들이 신입사원으로 입사하자마자 서비스의 주축이 되었듯이 최소한 마케팅이라는 영역에서는 주축이 되어줄 Z세대가 필요했다.

MD라는 직업, 특히 패션 MD라는 직업은 나름의 매력이 있었는지 잡코리아에 구인을 올리면 언제나 많은 신청이 몰렸다. 이 작은 회사에 MD 지원자가 몰리는 것은 그만큼 이들에게 기회가 많지 않다는 뜻일 것이다. 이 바쁜 와중에도 날을 하루 정하고 인터뷰를 또 진행한다. 거의 대부분 경력이 없기에 이들을 판단할 근거는 학교에서 만들었던 포트폴리오와 열정밖에 없었다. 물론 우리도 이제 갓 시작한 스타트업이기에 열정과 에너지가 사람을 뽑는데 가장 중요한 기준이 되었다. "뭐든지 시켜주세요.", "패션을 배우기 위해야근도 밤샘도 뭐든지 할 수 있습니다.", "패션은 저의 인생입니다". 그들이 뱉어내는 표현들은 우리를 즐겁게 했다. 그런데 막상 출근할 날이 오면 'No Show'를 하는 것이다. 대학에서 학생들을 가르치면서도 젊은 친구들로부터 유쾌하지 않은 경험을 종종 하기는 했지만 더프로피아를 운영하면서 입게 된 가장 큰 상처는 이 과정을 통해 자연스레 만들어진 이들에 대한 불신이었다. 우리가 하는 일이 어렵고 힘들고 높은 보수를 주지는 못하지만 그래도 좋은 회사 분

위기를 갖고 있기에 그들에게 원하는 것은 함께하는 자세였다.

그러던 중 나의 마음에 가장 큰 상처와 기쁨을 안겨준 Z라는 친구가 나타났다. 위에서 이야기했듯이 나는 인스타에 대한 사랑을 가진 친구가 필요했고 이 친구의 인스타를 처음 보았을 때 가장 적합한 인물이라는 생각이 들었다. 많은 팔로워를 갖고 있지는 않지만 주기적으로 사진을 올렸고 나름 인스타에서 자신의 이미지 구축을 시도하고 있어 보였다. Z는 결국 72:1의 경쟁(잡코리아에 응모한 전체 숫자 기준으로 보면)을 뚫고 합격한다. H와 J도 인터뷰 중에 보여준 이 친구의 열정에 감동받았다고 했다. 비록 인스타 사진 속에 있던 친구가 인터뷰에 직접 나오지는 않았지만 우리는 적합한 인물을 찾았다는 즐거움에 그의 첫 출근날 회식 계획도 잡았다. 하지만 Z는 이틀을 출근한 후 나타나지 않았다. 물론 이 친구는 우리 회사를 판단하고 그의 기준에 우리가 모자랐기에 그런 선택을 했을 수도 있을 것이다. 하지만 이 친구의 이틀간의 행동을 모아보면 배신감이라기보다는 이해 불가의 모습이 더 보인다.

첫째, 입사 후 처음 한 일이 서열을 정리하는 것이었다.

우리 회사에는 이제 3개월의 인턴 기간이 끝나가는 S가 있었다. 회사의 첫 직원으로 입사를 했고 묵묵히 시키는 일을 하던 친구였다. 나의 눈에 열정보다는 끈기를 보여주고 있던 친구였는데 새로

들어온 Z보다는 나이가 3살이나 많았다. 그런데 첫 출근하던 날 Z가 S와의 관계 설정에 노력했다는 사실이 충격적이었다. Z는 S가 비록 나이도 많고 입사에서도 선배이지만 같은 동료이니 말을 놓겠다는 통보를 했다. S를 윗사람으로 인정하지 않겠다는 일종의 동료 사이에서 파워 게임을 선언한 것이다. Z에게 이것은 출근 첫날 해야 하는 가장 중요한 일이었다.

둘째, 출근 두 번째 날 지각을 했고 셋째 날은 복통을 핑계로 결근을 했다. 첫 출근하는 날에도 정각보다 5분을 늦게 나온 것은 여러 가지 이유가 있을 수 있겠지만 나로서 둘째 날의 지각은 조금 이해하기 힘들었다. 그래도 첫 직장인데 긴장감이 없어 보였다. 셋째 날을 결근한 다음 날 아침 Z는 퇴사 문자를 보내왔다. 처음에 보여줬던 열정만큼이나 정중하고 꽉 찬 이유로 채워진 그런 퇴사 문자였다. 그리고 그 퇴사 문자의 마지막에는 그동안의 노력의 대가(우리가 한 것은 교육과 회식밖에는 없었지만)인 임금을 받을 은행 계좌가 찍혀 있었다. 이 친구는 대우받으며 뭔가를 배우는 아르바이트가 필요했던 것일까? Z는 직업을 갖기 위해 피상적으로 보이는 모습에는 너무도 열심이었지만 아침에 일어나 출근하는 것은 너무도 힘들었던 것으로 보인다. 일을 열심히 하는 것보다는 윗사람을 한 명이라도 줄이기 위한 파워 게임에는 전력을 다했고 열정적인 퇴사 문자와 더불어 자신의 일당을 챙기는 데 주저함이 없었다.

Z의 퇴사 문자를 아침 회의에서 이야기하던 중 S가 질문을 던진다. 이제 3개월이 되고 정식 직원이 되면 자신도 야근할 수 있냐는 질문이다. 야근하고 싶었는데 자신이 정직원이 아닌 인턴이어서 뭔가 그러면 안 될 것 같았다고 했다. 물론 우리에게는 너무도 어이없는 질문이었다. 정확히 7시만 되면 H는 S를 퇴근시켰고 묵묵히 인사하고 퇴근을 하던 S를 보면서 나는 Z세대를 이해했다. '이들은 자신의 직장인으로서의 삶에 대해 나와는 다른 생각을 갖고 있구나.' 그런 생각 말이다. Z라는 인물로 인해 Z세대 전체를 포기하고 있었던 나에게 S의 이 한마디는 반전이었다. 아니 나의 작은 경험으로 전체를 평가한 나의 행동에 반성했다. 우리에게는 다른 Z세대인 S가 있었다. S는 우리와 한 팀이 되어 일하고 싶었는데 우리가 문을 열어주지 않았던 것이다. 미안한 마음이 밀려왔다. 우리는 한동안 새로운 식구를 뽑지 않기로 했다. 그냥 우리의 힘으로 최대한을 만들어보기로 했다. 물론 S를 포함한 우리로 말이다.

이날 S는 더프로피아의 식구가 되었다.
고마워요, Z세대!

24. 택배, 편의점 택배 그리고 우체국

　오랫동안 정보통신이라는 영역에서 일하면서 해당 정부 부처인 정보통신부와 많은 일을 했었다. 인터넷이 세상에 등장하면서 정보통신이라는 단어는 우리 일상생활에서 매우 중요한 역할을 차지하기 시작했다. 하지만 정보통신이라는 영역에 우체국, 우편배달 서비스가 존재한다는 사실을 아는 사람은 많지 않다. 우체국은 정보통신이라는 영역의 시조새와 같은 존재이다. 공공 서비스이기에 전국 어디서든 편지를 받아볼 수 있도록 인프라가 갖춰져 있고 저렴하고 공평한 요금으로 서비스된다. 우편 서비스는 대표적인 공공 서비스인 것이다. 소화물 택배 시장이 커지면서 CJ대한통운을 필두로 민간 기업들이 이 영역을 장악하고 있지만 우체국 역시 우편 서비스와 더불어 택배 서비스를 제공하고 있다. 오늘은 이 우체국이 나를 도왔다.

더프로피아가 본격적으로 영업을 시작한 것은 2022년 1월부터이다. 한동안은 마케팅 활동이 거의 없었기에 주문이 들어오지 않았고 따라서 택배에 대한 걱정은 크게 하지 않았다. 그러던 중 인스타 마케팅을 조금 하고 사람들이 점차 알게 되면서 지인 주문이 조금씩 들어오기 시작했다. 여기에 지그재그에 조금이나마 마케팅 비용을 집행하면서 하루에 몇 개라도 조금씩 주문이 들어오기 시작했다. 택배를 보내야 했다.

옷가게가 택배를 사용하는 방식은 H의 말로는 아주 쉬웠다. 택배사에 전화해서 등록 요청을 하면 계약이 이뤄지고 우리만의 고유 코드가 생성된다. 주문이 들어오면 자동으로 카페24에 있는 고객 배송 정보가 택배사로 넘어가서 택배 기사님이 출력된 송장을 들고 방문한다는 것이다. 우리가 할 일은 송장을 상품에 정확히 부착하여 택배 기사에게 넘기면 되는 일이다. 심지어 배송 물량이 많아지면 택배사에서 송장 출력 프린터를 가져다준다고 하니 배송 물량이 많아지면 역설적으로 이후의 작업은 좀 더 쉬워질 것이다. 하지만 우리는 아직 택배사와 계약도 하지 않은 상태이다.

게다가 CJ대한통운이 파업 중이었다. 카페24는 CJ대한통운을 기본 택배 회사로 사용하고 있다. 물론 다른 택배사를 사용하는 것은 전혀 문제가 되지 않는다. 하지만 가장 큰 CJ대한통운을 사용하는 데 이견이 없었기에 우리는 무작정 파업이 끝나기를 기다리고 있었고 대안으로 편의점 택배를 사용하기로 했다. 편의점 택배 역시 실제 업무는 대한통운이 진행하지만 고유 코드가 없는 우리에게는 택배 접수 과정에서 가장 편리한 솔루션이었다. 일단 가깝게 있는 CU 편의점 택배를 사용하기로 했다.

문제는 편의점 택배라는 시스템이 매우 후진적이라는 사실이다. 배송 건수가 1개, 2개일 경우 편의점 내에 있는 키오스크에 주소를 입력하고 송장을 출력해서 부착 후 계산하는 과정이 그리 복잡해 보이지는 않았다. 하지만 그 숫자가 많아지면 무척 어려운 작업이 된다. 물론 그 작업을 내가 할 기회가 없었기에 불편함을 느낄 수 없었다. 그러던 중 하나의 사건이 발생한다.

상품을 잘못 넣은 것이다!

고객이 주문한 상품의 사이즈를 실수로 잘못 넣은 것이었다. 토

요일이었고 그 순간 그 문제를 처리해낼 수 있는 사람은 내가 유일했다. 새로운 상품을 찾아 포장하고 편의점에 도착하니 다행인지 불행인지 택배 봉투는 아직 그 편의점에서 나를 기다리고 있었다. 편의점 택배도 주말은 휴일이었다. 기존 배송용 봉투를 뜯고 새로 챙겨간 봉투에 상품을 다시 포장했다. 문제는 송장을 다시 출력할 방법이 없었다. 기존의 송장을 오려서 붙이려 하자 편의점 사장님이 난색이었다. 원칙적으로 불가능하다는 것이다. 유일한 방법은 아직 배송이 이뤄지지 않았으니 모든 배송 등록을 취소하고 다시 송장을 발급하면 된다는 것이다. 편의점에는 잘못된 주문 이외에 모두 4개의 더프로피아 배송 봉투가 함께 배송되기를 기다리고 있었다. 기존의 배송비 결제를 취소하고 그때부터 나는 총 5개의 배송 등록을 처음부터 다시 입력하기 시작했다.

물론 나로서는 처음 해보는 일이고 편의점 키오스크는 정말 불편했다. 아마도 5개의 택배를 모두 입력하는 데 얼추 한 시간이 소요된 듯하다. 보내는 사람과 받는 사람을 혼동하기도 했고 어떤 고객의 주소는 참 이상했다. 회원 가입이라는 기능도 있었기에 시도해보았는데 알 수 없는 이유로 진도가 나가지 않았다. 게다가 뒤에 기다리던 손님들에게 순서를 양보하기 시작하면서 나의 분노 게이지는 거의 최고치를 기록했다. 편의점 택배에 대한 분노와 더불어 스스로의 멍청함에 대한 스트레스였고 이 문제를 당장 해결하지 않고는 견딜 수 없었다.

H는 나의 스트레스를 크게 신경 쓰지 않았다. H에게 현재 상황은 CJ대한통운의 코드가 나오기 전까지의 임시였기에 택배는 해결해야 할 문제가 아니었던 것이다. 봄 상품의 기획에 모든 신경이 가 있는 그녀에게 이 문제는 그냥 이런 일에 서툰 나의 문제였다.

열심히 찾아보니 CU편의점 택배는 CUpost라는 모바일 앱과 CUpost.co.kr 웹페이지에서 배송 예약 서비스를 제공하고 있었다. 사무실에서 해당 사이트에 접속하여 배송 예약을 완료한 후 편의점에서는 예약 번호로 송장을 출력만 하는 아주 좋은 방법이 있었다. 좁은 편의점 키오스크 앞에서 좁은 화면을 보면서 주소를 입력하는 것과 비교할 때 거의 파라다이스였다. 모든 세팅을 마치고 나는 H에게 나의 업적을 자랑하고 싶었다. 멋지게 그날 들어온 주문들을 순조롭게 입력하던 중 또 다른 문제가 발생한다. 파업으로 일부 지역은 배송 입력이 되지 않는 것이다. 편의점 택배의 실제 배송을 담당하는 CJ대한통운은 나를 도울 생각이 전혀 없었다.

> 경남 김해시는 현재 파업 중이라 배송이 되지 않습니다.

결국 이 한 건의 주문은 우체국에서 등기로 보내는 것으로 마무리되었다. 옷가게를 처음 오픈하면 택배사들의 우선순위에 오르는 것이 불가능하다. 초기 쇼핑몰의 배송 물량이 많지 않다면 편의점 택배는 매우 좋은 솔루션이다. 따라서 CUpost의 시스템은 알아두는 것이 필요하다. 거기에 특정 택배사의 파업과 같은 문제가 발생할 경우 우체국은 유일한 대안이다. 이 역시 ePost 시스템을 잘 설치하면 어렵지 않게 대응할 수 있다.

담당자와의 끈질긴 통화 끝에 아마도 이번 주에 CJ대한통운의 택배 코드가 발급될 것으로 보인다. 하지만 여전히 마음을 놓을 순 없다. 코드 발급 지연, 편의점 택배의 불편한 키오스크, 그리고 파업 등 수많은 문제가 자연스레 배송 팀장이 되어버린 나를 괴롭히고 있기에 나는 모든 가능성과 대응 방안을 갖고 있어야 한다.

어쨌든 공공 서비스인 우체국은 파업하지 않는다.

고마워요, 우체국!

25. 착쩔을 만들다

　　더프로피아는 스타일 편집숍이다. 그래서 스타일에 관한 이야기가 있어야 한다. 그런데 일의 양은 너무 많고 사람은 적다 보니 정작해야 할 스타일 스토리텔링이 충분히 이뤄지지 못하고 있다. 그냥사진으로 스타일링을 웅변할 뿐이다. 그 문제를 해결하고 싶은데다들 너무 바쁘다. 그렇다고 여자 옷에 대한 감각이 제로인 내가 나서서 글을 쓰는 것은 문제 수준이 아니라, 말이 안 된다. 하지만 뭔가 방법을 찾아야 한다. 그래서 일단 응급처치로 지그재그의 광고에서 파워 AI 노출 대상인 4개의 상품만이라도 스타일 이야기를 쓰기로 했다.

지그재그에는 파워업 AI 광고라는 광고 상품이 있는데 광고비를 지불하면 지그재그 메인 페이지와 검색 결과 페이지에 우리의 상품을 노출해준다. 이때 3~4개 정도의 상품을 집중해서 노출할 수 있다. 많이 노출되면 더 많은 클릭이 유도될 것이기에 일단 이 상품들에는 MD들의 스타일 스토리를 써보기로 했다.

문제는 우리가 정의하는 스토리가 어떤 방향성을 갖는가에 합의점이 없다는 것이다. 지난겨울 시즌에 J가 써 올렸던 코멘트는 스타

베베 카라 스웨이드 무스탕 재킷 .JK

스웨이드 특유의 고급스러운 질감이 돋보이는 무스탕입니다. 퍼 안감으로 따뜻하게, 스타일리시하게 룩을 완성시키며 세련되고 멋스러운 무드를 연출해보세요.

무스탕은 가격 때문에라도 자주 구입할 만한 아이템이 아니지만, 꼭 한번 구입할 때는 합리적인 가격과 자주 손이 갈 것인가를 잘 따져보고 구입해야 해요. 막상 이런 무스탕 종류를 구입해보면 너무 무거워 장롱 안에 모셔두게 된다거나, 겨울에 따뜻하게 입으려고 구매했으나, 막상 사이즈가 작아서 외려 겉옷 안에 얇게 입고 다녀야 한다면 쓸모없는 외투가 되어버려요.

베베 카라 무스탕은 박시한 사이즈에, 이너도 얼마든지 껴입을 수 있어서 실용적+따뜻함 추가!

엉덩이 위까지 살짝 덮거나 윗선이라 너무 부해 보이지도 않고, 디자인도 예쁜 데다 무엇보다 색감이 예술이죠. 말모말모 베베 무스탕은 정말 발품 많이 팔아가며, 시간 들여가며 비교해보고 데려왔답니다.

캐주얼, 일반 직장, 여성스럽게도 정말 여러 가지 연출이 가능할 요 아이 강추!!

J가 작성했던 상품 스토리

일링에 대한 스토리라기보다는 상품에 대한 스토리였다. 앞의 무스탕 재킷에 대한 이야기가 바로 그것이다. 내가 보기에 스토리라기보다는 상품 설명에 가까웠기에 이를 두고 논의를 시작했다.

　무스탕이라는 상품에 대한 설명이나 활용도에 대한 글로 보면 나쁘지 않다. 하지만 왠지 스타일링 스토리 같은 느낌은 약했다. '착썰'이라고 스타일링 스토리를 이름 지었는데 그 모범이 필요했다. 그래서 여기에 두 가지 요소를 추가하기로 했다. 첫 번째는 MD의 아이덴티티 한 스푼이다. 3명의 MD의 활동명을 정하고 스스로가 사입하고 스타일링한 착장에 대해 직접 이야기하는 톤을 유지하기로 했다. 여기에 추가로 스타일링 사진에 사인과 같은 형태로 MD의 아이덴티티를 노출하기로 했다. 이 착장은 누가 스타일링했는지를 명시하기로 한 것이다. 이는 향후 더프로피아가 전문적인 시각을 가진 MD들이 참여하는 플랫폼으로서의 가능성을 테스트하는 목적도 갖고 있다. 물론 향후 MD들의 인스타와의 연동을 고려한 포석이기도 하다. 《뉴욕타임스》가 모든 기자에게 트위터와 인스타를 하도록 권유한 것에 착안한 것이다. 《뉴욕타임스》는 뉴스가 디지털화되면서 모든 기자, 에디터들에게 소셜미디어를 적극 활용하도록 유도했다. 스스로가 쓴 기사를 자신의 트위터에 노출하고 독자들의 관심을 끌도록 말이다. 동일한 스토리가 패션에도 적용될 수 있다고 생각한다.

두 번째는 이 아이템을 이용해 가능한 스타일링에 대한 조언을 추가하기로 했다. 봄 신상 상품화를 하면서 상품당 두 명의 모델을 사용하여 다른 형태의 스타일링을 보여주기로 했으니 그것만으로도 충분한 스토리가 될 것으로 보인다. 색상의 조화, 상하의 믹스, 슈즈, 액세서리 등에 대한 이야기도 충분히 재미있는 스토리가 될 것으로 보인다. 이번 시즌부터 더프로피아에는 액세서리와 슈즈도 등장한다는 점을 알리는 효과도 있을 것이다. 이 관점에서 위의 무스탕에 관한 이야기를 내 마음대로 다시 써서 H, J, S에게 논의하도

베베 카라 스웨이드 무스탕 재킷 .JK

안녕하세요. 더프지기랍니다. 오늘은 스웨이드 특유의 고급스러운 질감이 돋보이는 무스탕을 갖고 왔어요. 겨울에는 하나 있으면 잘 활용할 수 있는 아이템인데 의외로 관리하기도 잘 사용하기도 어려운 놈입니다. 저도 실은 한 개 있는데 잘 활용하지 못하고 있어요. 이 기회에 어떻게 활용할지 저의 고민을 나눠드릴게요. 일단 박시한 스타일을 추천해요. 무스탕이 너무 작으면 활용도가 떨어져요. 보여주기 위한 옷인데 이너 패딩처럼 안에 껴입는 용도로 쓸 수 없잖아요. 기장은 엉덩이 위까지 살짝 덮는 것이 좋고요. 그래야 너무 부해 보이지 않아요. 하의는 청바지 정도가 가장 적합해 보이고요…. 등등. 슈즈는…. 베베 무스탕은 정말 발품 많이 팔아가며, 시간 들여가며 비교해보고 데려왔답니다. 학교, 직장, 데이트 모든 용도에서 정말 여러 가지 연출이 가능할 아이템입니다. 더프지기의 강추템입니다.

플랫폼 교수가 만든 착썰

록 던져줬고 열띤 토론의 결과 그들 나름의 착썰을 써보기로 했다.

3명의 MD가 글을 쓰기 시작했지만 역시 무척 고생한다. 평생 처음 이런 글을 쓴다고 한다. 실제로 많은 사람이 글이라는 것을 써본 경험이 거의 없는 것이 현실이기는 하다. 이제는 글을 전문으로 쓰는 사람으로 이해가 가기는 한다. 하지만 꼭 필요한 일이기에 무조

스토리가 더해진 지그재그의 파워업 AI 광고

3부 내가 할 일이 늘어난다

건 숙제를 주고 내가 내용을 수정하는 방식으로 진행하기로 했다. 점심 후에 무조건 한 착장에 대한 글을 쓴 후 제출, 작가의 감수 및 수정, 최종 확정 이런 식으로 말이다.

상품, 스타일링, 사진, 그리고 이제 스토리가 더 해지면 더프로피 아는 괜찮은 콘텐츠가 될 것이다.

지금의 새로운 세대들은 동영상에 익숙하고 글은 읽지 않는다고 한다. 하지만 곰곰이 생각해보면 그들이 가장 많이 사용하는 매체는 카카오톡이고 이는 이들 역시 글로 소통한다.

스토리에 대한 고민을 좀 더 해야 할 것 같다.

26. 고객 감동을 만든다는 것

옷가게 창업기를 쓰면서 떠올렸던 영화가 〈인턴〉이었다. 70세의 로버트 드니로(Robert Anthony De Niro Jr.)가 시니어 인턴으로 30대 앤 해서웨이가 CEO인 패션 회사에서 일하는 영화이다. 아직은 내 나이가 이렇게 많지는 않지만, 경험과 전문성의 조화라는 의미에서는 영화 〈인턴〉과 더프로피아는 유사한 점이 있다. 영화의 도입부에 나오는 내용이라 기억하는 분이 많지 않겠지만 앤 해서웨이가 콜센터에 앉아서 고객 응대 전화를 받는 장면이 나온다. 고객은 핑크색 드레스 6벌을 주문했는데 차콜 그레이(Charcoal gray) 색상이 배달되었다는 고객 불만이다. 결혼식이 3일 후이니 큰 사건이 발생한 것이다. 문제는 이 회사가 취급하는 제품에 차콜 그레이 색상이 없기에 이해하기 어려운 고객 불만이다. 앤은 결혼식에 늦지 않게 특송으로 다시 핑크 제품을 보내주기로 약속하고 모두 무료 처리를 해준다. 거기에 자신의 개인 전화번호를 알려주면 직접 챙기겠다고 약속한다. 이 장면을 옆에서 바라보던 직원의 표정은 '어이없음'이었다.

영화 〈인턴〉
출처: 워너브라더스코리아

이와 비슷한 상황이 우리에게도 발생했다.

지그재그에 마케팅을 하면서 주문이 들어왔다. 재고를 딱 한 장 갖고 있는 중국 상품인데 막상 포장을 다시 하려고 보니 단춧구멍 일부가 불량이다. 나름 패션학과 출신인 인턴(진짜 인턴이다) S에게 회사 근처 수선점에 갔다 오라고 했는데 큰 휘갑치기(오버로크) 기계 없이는 수선이 불가능하다는 답을 듣고 돌아왔다. 수선하려면 동대문에 있는 수선점에 가야 하고 거기서도 정확히 가능할지 모르겠다고 한다. 동대문에 가야 한다면 수선 비용이나 왕복 교통비 등을 고려하면 이 주문은 남는 장사가 아니다. H의 판단은 간단했다. 주문 취소 처리를 하겠다고 한다. 중국 제품이고 고객이 수선 상태를 보고 반품할 경우 우리의 손해는 배가될 것이라는 생각이었다. 고객은 우리에게 실망할 것이고 수선 비용, 배송 비용 등을 모두 감안하면 우리가 주문을 취소하는 것이 옳다는 것이다.

우리 스스로가 적극적인 마케팅을 하고 있지는 않기에 주문이 많이 들어오지 않는 것은 견딜 수 있지만 어렵게 우리를 찾아온 고객에게 그냥 상품이 불량이라는 이유로 클릭 한 번으로 주문을 취소하는 것은 쉽게 받아들이기 싫었다. 그때까지 들어온 주문 대부분은 지인 판매였고 이 주문은 지그재그 상품 페이지를 보고 방문한 진짜 고객인 것이다. 우리가 지금까지 준비해서 만들어낸 사진과 페이지를 보고 주문한 몇 안 되는 고객을 그냥 보내는 것은 너무도 아쉬웠다.

그래서 나는 동대문 수선을 주장했고 수선이 우리가 만족할 만한 수준으로 되지 않으면 고객에게 상황을 설명한 후 전액 환불해주기로 했다. 물론 배송된 상품은 고객에게 선물로 주자고 했다. 즉 영화 속에서 젊은 CEO 앤 해서웨이가 했던 무료 제공 결정과 유사한 제안을 했다. H와 S는 나의 결정에 〈인턴〉에서 보았던 '어이없음' 표정을 보여주었다. 굳이 수선 비용, 배송 비용까지 들어가며 이런 수고를 들여야 하느냐는 질문이다. 그래서 오랜만에 경영학 고객 감동 강의를 했다. 불행히도 아무도 영화 〈인턴〉에 나왔던 사례를 기억하지 못하기에 고전적인 고객 감동 사례인 노드스트롬(Nordstrom) 백화점을 꺼내 들었다.

휴가 중에 급한 오전 비즈니스 미팅을 해야 하는 상황에 양복이 필요한 고객이 아침 8시에 노드스트롬 백화점을 찾는다. 백화점 오픈은 10시인데 이 사정을 들은 경비원이 급히 연락했고 관련 직원들이 모두 출근하여 그 고객을 응대한 사례이다. 노드스트롬 백화점이나 영화 〈인턴〉에서 앤 해서웨이가 보여준 고객 응대는 그 고객들을 영원한 나의 고객으로 만들려는 노력이다. 인터넷 쇼핑이라는 영역에서 나의 충성 고객을 만드는 것은 무척 어렵다. 너무도 쉽게 다른 쇼핑몰로 갈 수 있기 때문이다. 그래서 고객에게 우리의 진심을 보여줄 기회가 온다면 과감해야 한다고 사례들은 이야기한다. 이런 경험을 한 고객이 다른 백화점을 갈 생각을 하겠냐는 나의 질문에 모두 고개를 끄덕거렸다. (마치 내가 로버트 드니로라도 된 착각에 빠졌다.)

우리의 목표는 우리의 스타일을 좋아하는 고객을 모으는 것이기에 한 번 찾아온 고객에게는 최선을 다하자는 그런 맹세가 만들어졌다. 결국 수선 비용으로 1만 원이 지불되었고 왕복 배송은 내가 담당했다.

회사의 문화는 여러 가지 형태의 사건 사고와 그에 따른 경험으로 만들어진다.

세월이 지나도
감동한 고객은 배신하지 않는다.

27. 멤버십 프로그램, 해답은 파격에 있다

멤버십 프로그램은 어디에나 존재한다. 하지만 반드시 가져야 한다는 느낌을 주는 멤버십을 찾기는 어렵다. 그래서 《구독전쟁》에서 구독의 두 번째 도구로 '비합리적인 멤버십'을 이야기했다. 물론 현실성 없는 주장이라 할 수 있지만 아무것도 제공하지 않으면서 고객과의 관계를 재정립하는 것은 불가능하다.

패션 시장에서는 언제나 할인이 존재한다. 한국 패션 시장의 변화를 이야기하며 언급했지만 패션이 재고를 가진 사업이 되면 시즌이 끝나갈 타이밍에 할인 판매는 어쩔 수 없는 선택이다. 그러기에 소비자들도 패션에서도 굿딜을 찾아 헤맨다. 어떻게 하면 이들을 나의 고객으로 묶어둘 것인가는 쇼핑몰이나 플랫폼 모두에게 같은 고민이다. 그런데 생각해보면 묶어두는 유일한 수단이 멤버십이다.

가장 먼저 자사몰들의 멤버십 프로그램을 조사해보았다. 아래 회원 등급은 자사몰에 중심을 두고 있는 모 쇼핑몰의 멤버십 프로그램이다.

일단 최소 1%에서 시작해서 최종으로 올라가면 4%까지 적립금을 지급한다. 멤버십 단계는 누적 구매액을 기준으로 결정된다. 운

등급별로 혜택을 제공하는 모 쇼핑몰의 멤버십 프로그램

영 측면에서 누적 구매액을 기준으로 멤버십을 설계하면 무척 편리하다. 시스템에 설정만 하면 관리가 쉽기 때문이다. 적립금을 핵심 수단으로 삼고 있는 것은 맞는데 과연 고객의 자기 등급에 대한 인지도가 어느 정도 될지 의문이 가기는 한다. 하지만 적립이라는 수단을 핵심으로 사용하는 것이 인상적이다.

쇼핑몰 시장에서의 대장이라 할 수 있는 '프롬비기닝'의 멤버십을 보면 약간 다르다. 먼저 적립금은 1%로 고객 등급에 상관없이 일정하다. 단지 등급이 올라가면 구매 시 할인율이 1%씩 상승한다. 여기에 무료 배송이 적용되는 구매 액수가 달라진다. 기본적으로 최근 1년 기준으로 구매를 좀 많이 한 고객에 대해서는 약간의 할인을 더 해주는 방식이고 적립은 왜 굳이 1%를 해주는지 잘 이해가 가지 않는다.

또 다른 대형 쇼핑몰인 '커먼유니크'의 멤버십을 보면 프롬비기닝과 많이 다르다. 등급에 따른 할인에 적립금이 추가된다. 1년 구매액을 기준으로 판단하는데 할인은 프롬 비기닝과 거의 같은데 여기에 추가로 동일한 수준의 적립금을 제공한다. 생일 쿠폰은 등급에 관련 없이 10%로 일괄적으로 제공한다. 객관적으로 보아도 프롬비기닝보다 매력적이다. 금액을 더 주는 것도 더 주는 것이지만 일단 무엇보다 간단명료하다. 단지 한 가지 불만이 있다면 너무

등급	대상	혜택
VVIP	누적 구매금액 300만원 이상	구매시 5% 상시 적립 / 구매시 5% 상시 할인 / 생일 기념 10% 할인 쿠폰 / 기본 배송비 무료
VIP	누적 구매금액 200~300만원	구매시 4% 상시 적립 / 구매시 4% 상시 할인 / 생일 기념 10% 할인 쿠폰 / 기본 배송비 무료
DIAMOND	누적 구매금액 100~200만원	구매시 3% 상시 적립 / 구매시 3% 상시 할인 / 생일 기념 10% 할인 쿠폰 / 기본 배송비 무료
GOLD	누적 구매금액 50~100만원	구매시 3% 상시 적립 / 구매시 2% 상시 할인 / 생일 기념 10% 할인 쿠폰
SILVER	누적 구매금액 30~50만원	구매시 2% 상시 적립 / 구매시 2% 상시 할인 / 생일 기념 10% 할인 쿠폰
BRONZE	누적 구매금액 10~30만원	구매시 2% 상시 적립 / 구매시 1% 상시 할인 / 생일 기념 10% 할인 쿠폰
MEMBER	신규회원	회원가입축하 1만원 쿠폰팩 / 구매시 1% 상시 할인 / 생일 기념 10% 할인 쿠폰

커먼유니크의 멤버십 구성. 간단한 내용이 장점이지만 등급이 너무 많아 아쉽다

단계가 많다. 무려 7단계이다. 이 7이라는 숫자는 프롬비기닝도 동일하다. 등급이 너무 많으면 게임이 아닌 이상 상승의 욕구가 사라지는 것이 일반적이다.

여러 곳의 멤버십을 보면서 고객 입장에서 많은 질문을 던져보았다. 물론 핵심 고객이라 할 수 있는 젊은 친구들에게 말이다. 옷을 잘 알지 못하는 고객 입장에서 하나의 쇼핑몰에 나의 패션 생활을 의존한다는 것은 편하지만 게으른 결정이다. 따라서 책이나 여행 같은 영역처럼 하나의 쇼핑몰에 집중하는 것이 좋은 선택은 아닐 수 있다. 물론 그 쇼핑몰이 제공하는 스타일이 나와 정확히 맞다면 굳이 여러 쇼핑몰을 전전할 필요는 없다. 게다가 이제는 지그재그와 같은 플랫폼이 존재하기에 20대들은 지그재그에서 10여 개의 쇼핑몰을 즐겨찾기 한 후 이들을 둘러보는 것이 일반적인 쇼핑 방식이라 한다. 결국 현재 합리적인 패션 쇼핑의 모습은 플랫폼에서

맘에 드는 쇼핑몰을 즐겨찾기하고 모든 쇼핑의 적립을 지그재그에 하는 것이 합리적이다.

그래서 마지막으로 지그재그의 멤버십을 살펴보았다. 일단 간단하고 약하다. 핑크, 실버, 골드, VIP로 나뉘는데 적립은 핑크는 0%, 실버는 0.5%, 골드는 1%, VIP는 1.5%, VVIP는 2%로 차등을 두었다. 등급마다 쿠폰 팩이 다르게 제공되는데 구매 금액에 따라 제한이 있는 쿠폰들이 들어 있다. 쿠폰 팩의 내용을 공개하지 않는데 아마도 운영의 자유도를 확보하기 위함으로 보인다. 쿠폰에 대한 리뷰를 보면 그다지 만족해하는 글은 보이지 않고 실망이라는 의견이 지배적이다. 결국 지그재그는 멤버십으로 고객을 묶어둘 생각이 크게 있어 보이지는 않는다. 최소 5.5%라는 Z결제 수수료로 카드 수수료를 제외하면 3% 정도의 마진이 남는다. 이를 멤버십에 모두 써 버린다면 수익 구조를 만드는 것이 어려울 것이기 때문이다.

어떻게 멤버십을 설계할 것인가? 일단 원칙은 만들었다. 일단 할인보다는 적립에 중점을 두기로 했다. 할인은 구독의 도구가 될 수 없다고 주장했으니 그 주장에 책임을 져야 한다. 여기에 체감할 수 있는 수준의 적립이 필요하다. 느낄 수 없다면 구독이 될 수 없다. 그리고 단계 역시 너무 잘게 나눠놓으면 매력이 떨어질 것이다.

네이버 플러스라는 멤버십이 처음 출시되었을 때 브런치에 리뷰 형태의 글을 썼었다. 아마존 프라임과 같이 멤버십의 중심이 될 수 있는 커머스 서비스가 없기에 뭔가 중심이 잡히지 않는 멤버십으로 평가했던 기억이다. 하지만 나는 아직도 이 네이버 플러스라는 멤버십을 유지하고 있다. 한 달에 4,900원을 꼬박꼬박 내면서 말이다. 그 이유는 네이버가 제공하는 적립금 때문이다. 이런저런 이유로 네이버페이를 사용하고 있고 월 쇼핑 금액이 8만 원이 넘으면 4,000원의 적립금이 쌓인다. 나의 구매 행태를 볼 때 언제나 이익이라는 생각이 들기 때문이다. 물론 내가 한 달에 8만 원의 네이버페이 쇼핑을 하는지를 검증해본 적은 없다. 역시 멤버십은 내가 이익이라는 생각이 드는 순간 유지되는 프로그램이다.

이 프로그램을 만들면서 H와 오랜 논의를 했다. 그녀가 처음 만들어온 멤버십 프로그램은 커먼유니크의 짧은 버전이었다. 하지만 그 단계도 4단계로 나뉘어 있었고 생일 쿠폰, 할인 쿠폰, 리뷰 적립금 등 다양한 요소로 복잡하게 만들어져 있었다. 그녀가 벤치마킹하는 경쟁사들이 제공하는 다양한 음식을 우리도 역시 제공하고 싶었을 것이다. 하지만 첫 시작하는 쇼핑몰은 뭔가 굵직한 한 방이 있어야 하기에 적립금이라는 재방문의 이유를 중심으로 재설계했다. 우리의 목표는 고객이 더프로피아를 다시 방문할 이유를 만들어주는 것이다.

더프로피아의 멤버십 프로그램 구성. 간단하고 파격적이다.

결국 고객이 보기에 파격적이어야 한다.

28. 협업과 공동 마케팅

싸이월드나 무선 네이트를 운영할 때를 기억해보면 무수한 협업 제의가 들어왔었다. 물론 내가 〈카트라이더〉를 운영하던 넥슨과 같은 게임사에 협업을 제안하기도 했다. 더프로피아의 봄 마케팅을 준비하면서 이런 종류의 협업에 대한 생각을 전혀 하지 않았다. 누가 우리와 협업을 해줄까 하는 그런 막연한 부정적 상상이 이유였다. 그런데 내 주위에도 같이 협업하여 성장할 수 있는 스타트업들이 있었다. 심지어 내가 자문으로 일하고 있는 기업도 있었는데 나의 상상력이 부족했던 것이다.

그 첫 번째는 '이웃(Eot)'이라는 스타일 추천 앱이었다. '이웃'은 그야말로 패알못들을 위한 스타일 추천 솔루션이었다. 이웃의 강성열 대표 역시 나의 책을 보고 찾아왔던 일종의 나의 추종자(?)였는데 스타일 추천 플랫폼을 만들고 있었다. 이웃은 지그재그, 무신사와 같은 패션 오픈마켓에서 옷에 대한 메타 데이터를 수집한다. 크롤링을 통해 데이터를 수집하고 태깅을 통해 저장한다. 구글이 쓰고 있는 검색 방식과 거의 유사하다. 패알못이 앱을 통해 자신의 신체 정보와 상황 정보, TPO(Time, Place, Occasion)를 입력하면 추천 스타일을 제공하는 방식이다. 추천된 스타일이 맘에 들면 구매로 연결되고 이웃은 검색과 마찬가지로 연결 수수료를 벌게 되는 모델이다. 사업의 형태로 보면 검색과 거의 동일하다. 문제는 선택한 플랫폼이라는 그림이 너무 크고 완성을 위해서는 갈 길이 멀다는 점이다. 그래서 긴 싸움을 위해 이웃도 이웃 스타일이라는 커머스 모델을 시작하기로 했다. 서비스를 시작한 지 얼추 1년이 되었고 큰 마케팅 집행을 하지 않았음에도 회원 수는 6만 명 정도 되었지만, 보여줄 만한 매출이 없다는 것이 투자 유치에 있어 문제가 될 수도 있기 때문이다.●

하지만 이웃은 나름 자체 브랜드를 가진 옷가게들과 협업을 진행하고 있었다. 무신사와 마찬가지로 자체 제작 브랜드가 없으면 신뢰도를 확보하기

● 이웃은 A라운드 투자에 성공했고 지속해서 성장 중이다.

스타일 추천 플랫폼 이옷. 여러 쇼핑몰과의 협업으로 성장을 거듭하고 있다.

어렵기 때문이다. 어쩌면 그런 이유로 이옷과의 협업을 내가 생각해내지 못했던 것이다. 하지만 사업 방식과 모델은 변화하기 마련이고 '더프로피아'는 스타일 브랜드로 이옷 스타일숍에 입점하기로 한다.

첫 미팅을 하면서 이옷도 스타일을 추천해주는 것이 서비스의 기본이다 보니 더프로피아의 스타일링 철학과 잘 맞는 듯했다. 하나하나가 스타일이라는 관점에서 우리가 만들어낸 사진들은 이옷에서 추천하기에도 전혀 부족해 보이지 않았다. 단지 알고리즘에 의한 추천이 아니라 그냥 이옷이 추천하는 스타일이라는 의미로 제시되는 것도 나쁘지 않을 것이라는 생각이었다.

이옷의 강 대표와 H, J와 미팅이 있던 날 나는 자연스레 소외되었다. 그들은 마치 동료를 만난 것처럼 옷에 관한 대화로 이야기꽃

3부 내가 할 일이 늘어난다

을 피웠다. H와 J가 그렇게 열정적으로 이야기하는 것을 처음 본 듯했다. 그냥 간단히 3~4개의 스타일링을 추천하기로 했던 원래의 계획에서 추천 착장 수는 10개 이상으로 늘어났다. 우리의 스타일링이 강 대표의 맘에 들어서일 수도 있지만 같은 방향을 추구하는 동료 의식이 만들어낸 결과였다.

협업의 방식은 이웃 앱 내에 '이웃 스타일'에 더프로피아라는 섹션을 만들고 인스타 마케팅을 진행하는 것이었다. 더프로피아의 인스타 계정은 이제 겨우 300명인데 이웃은 거의 8,000명 수준이어서 나름의 영향력을 갖고 있었다. 우리의 사진들이 인스타 광고의 아이템이 돼서 광고비가 집행될 것이고 이를 통해 이웃 스타일 숍으로 유입되는 방식이다. 거래 방식은 이웃이 우리의 상품을 구매해서 판매하는 방식으로 하고 고객은 이웃 사이트 내의 인앱 결제를 통해 구매하도록 했다. 이웃이 일종의 우리의 채널이 되는 것이다. 스타트업 입장에서 스타일 추천을 통해 매출이 발생하는 것은 좋은 사인이고 나름의 실적이 된다. 이웃이 더프로피아를 추천했는데 고객들이 맘에 들어 한다면 이 역시 이웃이 좋은 옷을 추천한 것이 되니 말이다. 아울러 이웃의 6만 명 회원에게 더프로피아 회원 가입 프로모션을 진행하기로 했다.

그래서 더 많은 협업 채널을 찾아보기로 했다. 힘이 약한 사람들이 함께 무언가를 하는 것은 분명 서로에게 도움이 되니 말이다.

좋은 파트너와의 협업은
성장의 속도를 높여준다

3부 내가 할 일이 늘어난다

29. 인스타 마케팅으로 고객을 만든다는 것

역시나 나는 인스타에 대해 아는 것이 하나도 없었다.

인스타의 팔로워를 200으로 만든 후 더프로피아의 인스타는 큰 진전이 없었다. 봄 신상을 만드느라 인스타를 관리할 정신이 없었기 때문이다. 그동안 내가 해둔 일은 페이스북의 비즈니스 관리자 계정을 만들고 우리의 쇼핑몰과 인스타 숍을 연결한 것이다. 카페24의 채널 관리에는 페이스북 숍을 연결할 수 있는 기능이 있었고 몇 번의 클릭만으로 인스타그램에 숍이 생겼다.

지그재그에 이어서 인스타그램에 더프로피아의 숍이 만들어진 것이다. 더프로피아 홈페이지에 있는 모든 상품이 인스타 숍에 그

인스타그램에 만들어진 더프로피아 숍

대로 노출되고 클릭하면 자사몰로 연결되는 구조였다. 상품에 대한 간략한 정보는 인스타 숍에서 볼 수 있지만 더 많은 사진과 상품의 상세 정보를 보기 위해서는 자사몰로 이동하는 구조이다. 지그재그가 제공하는 기능과 거의 유사하다. 하지만 인스타 숍에서는 Z페이와 같은 결제 대행이 없고 그냥 손님을 우리 사이트로 보내준다. 인스타그램의 비즈니스 모델이 광고이기 때문이다. 숍이 정비되고 나면 어차피 인스타에 광고를 집행할 것이니 이 역시 자연스러워 보인다.

여기까지 만들어놓고 우쭐해하고 있었는데 S가 나에게 신세계를 보여준다. 쇼핑 태그라는 기능이 있는데 마치 '오늘의집'에서처럼 사진 위에 마우스 오버를 하면 상품의 이름과 가격이 뜨는 기능이 있다는 것이다. 인스타에서 피드를 올리면 자연스레 상품에 대한 광고가 가능한 것이다. 곧장 S를 우리의 인스타 담당으로 임명했다.

그러고 나서 우리의 인스타는 완전히 바뀌었다.

S는 일단 봄 신상으로 인스타 피드를 꾸미기 시작했다. 핑크 배경의 사진들로 피드가 만들어지자 우리의 인스타 페이지에 꽃이 핀 느낌이다. 여기에 쇼핑 태그를 하면서 자연스레 상품에 대한 소개가 이뤄지기 시작했다. 인스타에 피드를 올리는 순간 모델이 입고 있는 옷들이 우리가 판매하는 상품이라는 인식이 생기고 클릭을 통해 판매가 이뤄질 수 있게 된 것이다. 인스타가 일상이 된 고객을 타깃으로 하는 우리의 입장에서는 지그재그보다 인스타가 광고에 더 적합할 수도 있다는 생각이 들었지만 여기에는 다른 문제가 있었다. 인스타 사용자들은 구매가 목적이 아니라 구경이 목적이라는 사실이다. 우리의 사진은 예쁘고 고퀄리티이지만 누가 보아도 상업성이 강해 보였다. 아무리 사진이 좋아도 상업성이 강해 보이면 클릭과 팔로우가 어렵다는 것이 인스타의 국룰이었다.

참 국룰이 너무 많다.

결국 인스타 마케팅을 위해서는 자연스러운 야외 샷이 필요했고 그래서 야외 카페 촬영이 이뤄졌다. 하지만 진정한 야외 촬영을 하기에는 날이 너무 추웠다. 게다가 카페에서의 촬영도 정식 촬영을 위해서는 일종의 대관료가 필요하기에 인스타 용도의 촬영은 아이폰을 이용해서 쇼핑몰 착장 촬영이 아닌 그냥 노는 것처럼 찍기로 했다. S와 모델이 찍어온 사진으로 인스타 피드를 만들었고 비로소 더프로피아의 인스타 페이지도 상업적이지 않아 보이는 사진들이 올라가기 시작했다.

하지만 S의 노력에도 불구하고 인스타 팔로워 숫자는 빠르게 늘지 않았다. 예쁜 사진으로 만들어진 우리의 인스타 피드는 매일 100여 개의 '좋아요'를 받기는 했지만 그게 전부였다. 물론 이 '좋아요'의 대부분은 맞팔과 같이 서로 '좋아요'를 눌러주는 인스타 내의 국룰에 의해 만들어진 것이기에 더프로피아에 관심 있는 고객을 홈페이지로 유도한다는 우리의 계획이 성공을 거두었다고 보기 힘들었다. 그러던 중 S는 촬영 중에 자신이 찍었던 영상을 별 편집 없이 릴스에 올려보았고 예상외로 많은 사람이 동영상에 반응하는 모습을 보게 된다. 대략 1,000회 이상의 시청이 이뤄지고 있었다. 인스타 피드에서 상품을 태그한 스타일링 사진이 큰 인기를 끌지는 못하지만 동영상 포맷인 릴스에서는 주목을 끌고 있는 것이다.

인스타 마케팅은 상품 태그와 릴스, 그리고 인스타 숍으로 확장

되면서 다양한 가능성을 만들고 있다. 하지만 인스타 마케팅이 만들어줘야 하는 결과는 더프로피아의 고객을 만드는 일이다. 이를 위해 인스타 광고가 필수적이다. 이제 지그재그 광고에 이어 인스타 광고를 본격적으로 고민해보기로 했다.

어떻게 하면
인스타 마케팅 맛집이 될 수 있을까?

 H의 이야기

옷가게에 대한 나의 생각

이 교수가 나의 초기 사업 방식을 이해하고 있는지는 솔직히 아직도 의문이다. 그런데 사실 내가 생각해도 업계의 초심자가 이해하기란 어려운 일이긴 하다. 팔리지도 않는 200여 개의 상품은 심지어 도매상에서도 이제 구할 수 없고, 주문을 하면 2주가 지나서야 받아볼 수 있는 상품밖에 없다니. 체계적으로 굴러가는 큰 기업에서 일한 사람의 눈에는 도대체 왜 이렇게 해야 할까, 싶은 일이다.

하지만 나에게도 나름 그럴 만한 이유가 있었다. 우리가 만드는 옷가게는 옷가게라기보단 놀이터에 가까워야 했다. 시간 가는 줄 모르고 옷 구경에 빠져들게 하는 유튜브나 인스타그램 같은 곳. 당장의 수익이 크지 않더라도 그 정도의 구성을 해놓아야 당당하게 더프로피아를 소개할 수 있을 터였다. 그리고 그렇게 문을 여는 그 순간이 내가 이 일을 하는 이유일 것이다.

그러나 모든 일이 내가 생각했던 대로 돌아가지는 않았다. 사진작가 K와 처음 찍었던 사진은 쓸 수가 없었다. 사진이 문제가 아니라, 나와 J가 만들어놓은 착장이 마음에 들지 않아서였다. 이 교수는 나에게 상당한 자유를 주었다. 내가 혼자 스마트스토어를 하면서는 누리지 못했던 여유가 생겼다고 하지만 그 여유에 대한 부담감도 따라온 것이다. 내가 보여주고 싶은 스타일로 가득 찬 옷가게를 만들려고 했던 처음의 의도와는 달리, 나도 모르게 팔릴 만한 옷만 고르고 있었다. 차라리 나 혼자 적은 돈으로 사업을 꾸려갈 때보다도 못한 조합들이 탄생하고 있었다. 미친 듯이 일을 했던 한 달이 그렇게 '순삭'되면서 더욱 조급해졌다. 이 교수가 내게 별말을 하지 않아도 괜히 신경이 쓰이고 불편해지기 시작했다.

불안해하는 나를 잡아준 사람은 J였다. 묵묵히 밤을 새우며 옷을 정리했고, 새로운 착장을 만들어냈다. 그리고 내가 끊임없이 쏟아내는 불만을 조용히 들어주었다. J는 나처럼 오랫동안 동대문에서 패션 일을 했지만, 또 나와는 다르게 더 이상 패션 일을 하고 싶어 하지 않았다. 패션이 아닌 다른 길에 도전해보고 싶어 했던 J는 나 혼자 발버둥 치는 모습을 보다 못해 합류한 것이었다. J를 보면서 마음을 다잡았다.

작년 크리스마스와 연말연시를 사무실에서 보냈고, 1월 말에는 그래도 볼 만한 옷가게가 만들어졌다. 다행히 쇼핑몰이 갖춰야 하는 기능들은 이 교수가 모두 만들어주었다. 현실적으로 나는 그런 것에 신경 쓸 여유가 하나도 없었는데, 예상하지 못했던 그의 도움이 정말 고마웠다. 아마도 그가 해준 이런 일들이 아니었다면 그의 잔소리를 견디지 못했을지도 모른다.

옆에서 구경만 하던 그는 나의 일하는 방식도 수정해주기 시작했다. 틀린 말은 별로 없었다. 더프로피아라는 옷가게는 내가 상상했던 모습과 비슷하게 만들어졌지만 그 과정은 내가 상상했던 모습은 전혀 아니었기 때문이다. 나의 욕심을 채우기 위해 끊임없는 포토샵 보정을 하면서 날린 여러 날이 무엇보다도 아쉽다.

왜 이렇게 시간을 써버렸느냐는 이 교수의 질문에 제대로 답을 하지 못했다. 이제 그와 약속한 시간이 두 달밖에 남지 않았다.

4부

나는
플랫폼
교수다

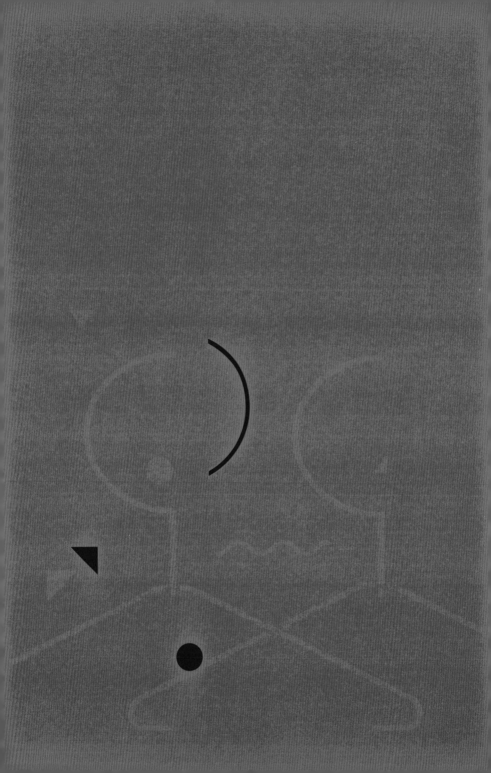

30. 봄 시즌 전략 수정

H의 원래 생각과 전략은 이랬다. 단지 내가 정확히 이해하지 못하고 있었을 따름이다.

'일단 깔아놔야 한다.'

더프로피아의 시작은 2021년 10월이었다. 첫 동대문 사업이 10월 중순에 이뤄졌고 첫 중국 상품이 도착한 것은 10월 말이니 정확히 언제 준비를 시작했다고 이야기하기도 애매하다. 일반적으로 F/W로 불리는 가을/겨울 시즌의 시작이 10월인데 우리는 이때 F/W를 시작한 것이다. 패션을 아는 사람으로서는 말이 안 되는 시작점이다. 보통의 경우 F/W 시장은 여름에 준비를 시작해서 10월에 오픈하기 때문이다. 따라서 10월이라는 애매한 시기에 무언가를 시작한다면 다음 해 봄을 타깃으로 하는 것이 적절했다. 하지만 H의 상품 기획은 가을/겨울에 맞춰져 있었다.

H의 계획은 봄 시즌 오픈 전에
최대한 온가게의 모양새를 갖추는 것이었다.

H의 생각으로 더프로피아의 정식 오픈은 2022년 3월 봄이었다. 봄이 시작되고 모든 여성이 외출을 준비할 때 바로 더프로피아를 시작하고 싶었다. 그런데 그 시점에 더프로피아라는 옷가게는 어느 정도 모양새를 갖추고 있어야 손님들에게 신뢰를 줄 수 있다는 것이 그녀의 주장이었다. 즉 깔아두어야 한다는 것이다. 비록 팔리지 않을 계절의 상품이고 동대문에서 이미 공급이 끊기더라도 볼 만한 상품과 착장이 있어야 한다는 것이다. 그런 이유로 H는 밤을 새우면서 2021년 F/W를 준비한 것이다.

얼추 200여 개의 아이템을 바탕으로 거의 240 착장을 만들어냈고 2022년 1월 더프로피아는 무언가를 갖춘 옷가게로 만들어졌다. 예상했던 대로 이 중에 우리가 재고를 갖고 있는 상품은 중국에서 구입한 소수에 불과했고 동대문 구입 제품은 거의 대부분 상품이 끝나가고 있었다. 결국 우리는 4개월 동안 더프로피아라는 옷가게의 인테리어를 한 것이었다. H는 스스로 만들어놓은 더프로피아를 자랑스러워했고 나는 이 과정을 통해 정리된 프로세스와 실패의 경험을 더 소중하게 생각했다.

내가 소중하게 생각했던 작지만 중요한 경험 몇 가지를 정리하면 다음과 같다.

첫째는 사진 촬영 방식에 대한 변경이다. 배경지를 사용하여 상품에 대한 주목도를 높인다는 점에서는 동일하지만 이번 봄 시즌에서는 배경지를 좀 더 밝고 그림자를 줄이는 방향으로 수정했다. 다음 사진을 보면 그 차이를 볼 수 있다. 첫 촬영이 이뤄졌던 사무실은 벽면 전체가 검은색이어서 빛의 반사가 없었기에 밝은 사진이 나올 수 없었던 것을 사무실을 이사하면서 밝은 톤으로 바꿀 수 있었다. 봄이기도 하고 사진의 배경이 조정되면서 상품에 대한 집중도도 높아졌다는 평가가 많았다. 또 하나 가장 중요한 것은 사진의 톤을 조

어두운 톤의 첫 촬영 사진(왼쪽)과 밝은 톤으로 다시 촬영한 사진(오른쪽)

정함으로 사진 보정의 시간을 얼마일지는 모르지만 줄여낼 수 있었다는 점이다. 물론 나의 사진 보정 시간을 획기적으로 줄이자는 주장은 묵살되었지만 그래도 그림자가 줄어들고 사진이 뽀샤시해지면서 사진 보정의 절대 시간은 줄어들 것으로 보인다.

또 하나 상품을 입력하는 프로세스를 완전히 정립했다. 처음이었기에 상품에 대한 상세 정보, 예를 들어 옷의 치수, 색상, 사이즈 종류, 사입처, 재고 수량, 소재 등의 정보를 관리해야 하는데 체계적이지 못했다. 프로세스를 정립하면서 상품의 사업과 동시에 정보를 입력하고 곧바로 상품의 상세 사진을 촬영함으로 모델 촬영 이전에 상품에 대한 모든 전 처리를 완료하는 프로세스를 잡았다. 이 프로세스를 앞에서 해결하면서 불만족스러운 상품을 걸러낼 뿐만 아니라 우리가 이번 시즌에 집중해야 할 상품도 선정할 수 있었다.

좀 더 자세히 적어보면 상품을 사입하면 가장 먼저 상품의 사이즈를 측정하고 카페24에 상품의 이름, 색상, 사이즈, 사입처, 사입 가격, 소재 등을 입력한다. 일단 '가제'이지만 상품 등록이 완료된 것이고 이후 상품의 사진 보정이 이뤄지면서 상품 상세 사진의 등록이나 모델 사진의 등록은 사진 보정 후 곧장 입력하는 방식으로 바꾼 것이다. 사진의 크기도 크고 클라우드에 오르락내리락하는 과정이 줄어들면서 일하는 시간도 대폭 절감되었다. 과거 모든 사진은 H가 보정하고 클라우드에 올리면 상품 등록은 J가 하던 방식에서 이제는 모두가 상품을 관리하는 방식으로 전환한 것이다.

또 하나 중요한 레슨은 시즌을 대응하는 시간을 짧게 잡기로 한 것이다. 겨울 시즌을 완전히 놓친 것은 의도된 선택이라지만 시즌이 바뀌어 미니스커트가 넘치는 지그재그에서 우리의 코트가 같이 노출되는 것을 보는 나의 마음은 편하지 않았다. 시즌은 그래서 가장 핫하게 대응하고 지나가야 하는 것이 맞다. 그래서 가능한 봄 시즌의 오픈을 빨리 진행하기로 했다. 설날(2022년 설은 2월 1일이었다)이 지나면 도매시장이 바로 봄 상품으로 바뀌기에 우리의 봄 시즌 오픈은 2월 중순을 타깃으로 정했고, 순차적으로 매주 새로운 상품을 추가로 업로드하는 전략을 수립했다. 프로세스를 다시 잡고 팀 전체가 합의한 만큼, 힘든 일정이지만 모두 봄 시즌에 대한 의욕이 불타올랐다

또 하나 중국 상품에 대한 입장을 변경했다. 우리는 일단 이번 봄 시즌에 중국 상품을 최소화하기로 결정했다. 더프로피아의 포지션을 스타일링 제안으로 잡은 이상 제품을 받아보았을 때 그 제품의 품질이 기대 이하일 경우 우리가 제시한 스타일링에 대한 신뢰가 무너질 수 있다는 판단이다. 중국 제품은 품질을 우리 눈과 손

으로 검증한 제품에 한하여 재고를 보유한 후 진행하는 것으로 결정했다. 중국 상품이 갖고 있는 예측할 수 없는 품질과 배송 시간을 검증된 품질과 재고의 보유라는 대안으로 바꾸기로 한 것이다. 따라서 더프로피아에서 취급하는 중국 상품은 품질이 좋으면서 가격은 저렴한 수량 한정 기획 상품이 될 것이다.

물론 아직도 부족한 점이 많다. 하지만 그래도 봄 시즌에 본격적인 마케팅을 할 상품과 사이트가 준비되면 진정한 의미에서의 마케팅을 진행해볼 생각이다. 지난겨울 시즌의 마케팅은 늦은 시즌대응, 우리 스스로가 만족하지 못한 일부 상품, 그리고 재고의 부족이라는 문제로 제대로 실행이 불가능했다. 하지만 이제는 더 이상 상품과 사이트에 대한 불만이 없다. 그래서 보다 본격적인 마케팅을 시작하고자 한다. 물론 기대보다는 걱정이 앞서지만 말이다.

31. 시장이 변하다

　본격적으로 마케팅을 진행하기 위해 광고 대행사들과 대화하면서 패션 시장의 변화에 관한 이야기를 듣게 되었다. 패션 플랫폼들이 일정 수준의 규모를 달성한 후 본격적인 수익 추구에 나서기 시작했다는 것이다. 한 예로 지그재그에는 '직진배송'이라는 로고가 빈번히 나타나고 있었다. 직진배송은 지그재그가 풀필먼트 서비스 제공을 통해 해당 제품을 주문 다음 날 배송해주는 서비스다. 브랜디가 시작한 '하루배송'을 지그재그가 따라 하기 시작한 것이다.

　지그재그는 패션 오픈마켓이기에 전형적인 시장 플랫폼이다. 판매자와 구매자를 연결하고 수수료를 받거나 광고로 수익을 창출

한다. 시장 플랫폼들이 규모의 경쟁을 하면서 물류를 비롯한 다양한 서비스를 제공하는 것이라면 아무 문제가 없다. 하지만 이 직진배송이 갖는 의미는 아마존의 FBA 혹은 쿠팡의 로켓배송과는 완전히 다르다. 패션 플랫폼들이 소호몰인 편집숍들을 제치고 도매상들과 직접 거래하기 시작한 것이고 그 추세가 브랜디를 시작으로 지그재그까지 확산된 것이다.

지그재그가 처음 시장에 나왔을 때 이를 가장 반긴 것은 소호몰들이었다고 한다. 소호의 의미는 작음을 의미한다. Small Office, Home Office Mall의 약자인 소호몰은, 말 그대로 작은 규모이기 때문에 모든 것이 부족하다.

지그재그를 운영하는 카카오스타일 관계자는 "잠재력을 가진

지그재그는 브랜디의 '하루배송'에 이어 '직진배송'을 시작했다.

소호몰들도 직진배송을 통해 지그재그에서 충성 고객을 확보하고 빠르게 매출을 늘릴 수 있도록 물류 서비스를 도입했다"면서 "플랫폼에서 혁신할 수 있는 영역을 계속 발굴해 소비자 쇼핑 편의성을 높이고 판매자에게 새로운 기회를 제공하겠다"라고 말했다.

카카오스타일 관계자의 말과는 달리 소호몰은 직진배송을 통해 충성 고객을 확보하고 매출을 늘릴 수 있는 잠재력이 없다. 직진배송을 위해서는 일정 수준의 자본력이 필요하기 때문이다. 그래서 아마도 카카오 담당자는 잠재력을 가진 소호몰이라 표현했을 것이다. 잠재력이라는 모호함으로 자신들의 선택을 거꾸로 인정받고 싶었던 모양이다. 정확히 이 배송 경쟁은 작은 옷가게의 존재 이유를 위협하고 있다.

더프로피아는 일종의 편집숍이다. 옷가게로서 제공하는 가치는 발품을 팔아 옷을 고르고 스타일링을 해서 고객들이 즐겁고 편하게 옷을 구입할 수 있도록 도와주는 것이다. 일반적인 공산품은 정보를 기반으로 상품을 구입할 수 있지만 패션은 정보보다는 사진이 제공하는 느낌이 중요한 상품이기에 편집숍의 역할이 존재하는 것이다. 여기에 상품은 수많은 동대문의 제조상이자 도매상이 만들어낸다. 옷을 디자인하고 제작하는 것이 도매상의 역할이고 이후의 판매는 수많은 소매상, 즉 편집숍들이 역할을 담당하는 것이다. 그래서 수많은 작은 옷가게가 존재할 수 있다. 이 장면에서 지그재그와 같은 플랫폼의 역할은 소비자와 편집숍의 연결에 있다. 수천 개의 옷가게가 플랫폼에 입점하여 서로의 스타일을 경쟁하는 것이고 그 경쟁의 원천은 누가 얼마나 좋은 스타일을 소개하느냐에 있다. 배송 시간이나 할인, 프로모션은 어쩌면 좋은 스타일을 찾고 난 이후의 선택지라고 할 수 있다.

그런데 직진배송과 같은 물류 서비스 기반의 새로운 방식이 플랫폼 간의 경쟁 요소로 등장하고 있다. 브랜디가 하루배송으로 먼저 시작했고 지그재그가 반격하고 있는 것이다. 여기서 배송 시간

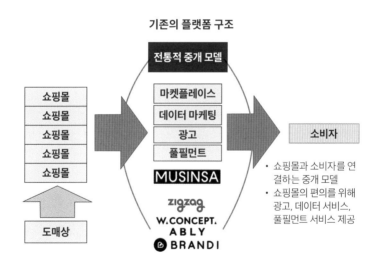

기존의 플랫폼 구조

을 두고 경쟁을 하는 것이 어떤 의미인지는 물류 시스템을 보면 금세 알 수 있다. 직진배송이 되기 위해서는 상품들이 브랜디의 자체 동대문 물류 센터나 지그재그가 협력하는 CJ대한통운 물류 창고에 있어야 한다. 즉 판매를 위해 준비된 상품이 물류 창고에서 고객의 주문을 기다려야 한다. 다른 말로 충분한 재고가 있어야 한다는 뜻이다. 기존 사업 방식에서 재고를 도매상이 갖고 있었다면 이제는 그 재고를 옷가게가 가지고 있어야 한다. 잠재력을 가진 옷가게가 아닌 작은 옷가게들은 새로운 방식에 자리가 없다. 결국 플랫폼

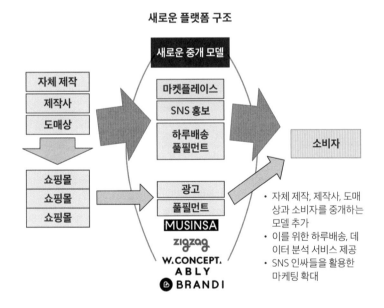

새로운 플랫폼 구조

들이 옷가게를 제치고 도매상과 직접 거래하겠다는 뜻이다.

지그재그가 직진배송을 홍보하기 시작하자 대형 편집숍들은 기획 상품을 출시하기 시작했다. 이들이 소위 말하는 잠재력을 가진 소호몰이다. 일정 수준의 재고를 물류 센터에 보유하고 주문을 기다리는 체제가 만들어진 것이다. 이 기획 상품은 대량 생산 혹은 대량 주문이 이뤄지기에 매입원가를 낮출 수 있고 재고 부담이 있기 때문에 일정 시간이 지나면 낮은 가격으로 프로모션이 이뤄진다. 두 가지 요소 모두 가격 경쟁이라는 결과물을 만들게 된다. 여기에 배송도 빠르다. 소비자 입장에서 매우 좋은 상황이다. 하지만 문제는 패션 시장이 이런 방식으로 바뀌면 작은 옷가게들은 설 곳이 없어지게 된다는 점이다.

기존에 제작이라는 역할을 담당했던 도매상들의 생각은 이제 바뀔 것이다. 기존에는 수많은 편집숍이 자신의 제품을 소화해주는 고객들이었지만 이제 지그재그의 직진배송이 생기면서 굳이 이들에 의존해 상품을 판매할 필요가 없다. 어차피 재고를 가진 입장에서 직진배송에 상품을 올리지 않을 이유가 없다. 거기에 도매 가격과 소매 가격 간의 차이는 충분히 매력적인 프로모션으로 연결될 수도 있다. 물론 특정 편집숍과 독점으로 계약하고 상품을 진행할 수도 있을 것이다. 사진 작업이나 콘셉트 작업이 누구에게나 쉬운 것은 아니니 말이다. 하지만 직진배송이나 하루배송이 도매상들의 주요 판매 방식이 되는 순간 스타일링이라는 고유 가치의 중요성은 낮아지고 가격이 중요한 가치가 될 것이다. 이 변화가 더프로피아의 사업에 얼마나 영향을 미칠지는 모르지만 하나의 큰 변화인 것은 분명하다.

우연일지 몰라도 오늘 시장에 상품을 픽업하러 갔던 S가 기존과는 다른 답을 받아 들고 왔다. 앞으로는 한두 장짜리 주문은 받지 않고 주문을 하려면 50장 단위로 하라고 한다. 한 가게의 이야기지만 뭔가 이상한 조짐이 실제로 나타나고 있는 것이다.

더프로피아가 지향한 것은 팬덤을 가진 조그마한 옷가게였다. 패션을 사랑하는 사람들이 좋은 선택을 만들고 이를 좋아하는 고객을 모으는 것이 목표이고 이 규모가 일정 수준이 되면 수익을 창출하는 그런 사업 모델이다. 비록 규모는 매우 자지만 패션 플랫폼이 지배하는 세상에서 플랫폼을 잘 이용하여 고객들의 사랑을 받는 옷가게를 만들어보려는 시도가 바로 더프로피아이다. 현재 패션 플랫폼을 중심으로 벌어지고 있는 패션의 공산품화 트렌드는 일정 수준 지속될 것으로 보인다. 하지만 옷은 공산품이지만 패션은 공산품이 아니다. 따라서 분명히 다른 변화의 축이 있을 것이다. 그 축은 바로 우리가 생각하고 있는 스타일이라는 패션이 갖고 있는 고유의 가치다. 그 스타일을 통해 고객과 연결될 수 있고 그 연결은 지속적인 스타일 제안을 통해 공고해질 수 있을 것이다. 하지만 시장 변화가 불안감을 만들어내는 것은 사실이다. 조그만 가게의 사장이 트렌드를 어떻게 받아들여야 할지도 고민이지만 이 역시 아는 게 병일지도 모르겠다.

32. 노가다 마케팅? 퍼포먼스 마케팅

    시장의 변화는 그냥 큰 변화라 생각하고 일단 내가 지금 해야 할 일에 집중하기로 했다. 그래서 계획했던 대로 지그재그에서 광고를 집행하면서 고객과의 접점을 만들어보기로 했다. 아직 본격적인 인스타 마케팅을 시작하지 않았고 지그재그 광고에만 약간의 예산을 투입하고 있는 상황인데 아무리 보아도 마케팅의 성과가 너무 저조한 것 같다.

    조금 공부를 해보니 지그재그 마케팅 역시 일종의 퍼포먼스 광고로 다양한 시도를 통해 클릭 수를 올리는 것이 가능했다. 지그재그에서 광고가 매출로 이어지기 위해서는 먼저 보이고, 클릭되고,

구매로 전환되는 과정이 필요하다. 역시 시작은 어떻게 보일 것인가이다. 같은 마케팅비를 쓴다고 할 때 차이를 만들어내는 건 역시 광고 소재였다.

자사몰의 상품을 연동 방식으로 등록하면, 자동으로 상품의 대표 이미지, 즉 상품 상세 설명에 제일 먼저 올라와 있는 사진이 광고 소재로 사용된다. 문제는 그 이미지들이 광고를 고려해서 선택된 것이 아니라는 것이다. 상품 대표 이미지들도 나름 고르고 골라 결정한 것들이지만, 많은 양의 비슷한 아이템들을 스크롤해가면서 보는 지그재그 쇼핑몰에서는 고객의 클릭을 이끌어낼 수 있는 사진이 무엇인가에 대한 고민이 필요했다.

인터넷에 떠도는 팁 중 하나는 예쁜 사진이 아닌 상품 특성을 한눈에 알 수 있는 사진이 좋다는 것이다. 지그재그 광고의 노출 지면은 홈 지면과 검색 지면으로 나누어지는데, 홈 지면은 공평하게 마케팅 비용에 따라 배분되는 것으로 보이고 검색은 고객들의 검색 키워드의 변화에 따라 노출의 빈도가 결정된다. 홈 지면은 기본으로 제공되고 검색 지면은 노출할 것인지 선택할 수 있다. 많이 노출되는 것도 중요하지만 더 중요한 것은 노출되었을 때 클릭이라는 고객의 선택을 받을 수 있는지다. 일반적인 시장의 원칙은 최소 2%는 넘겨야 한다는 것인데 가격 경쟁력이 엄청난 제작 상품과 경쟁해야 하는 처지에서 2%는 쉽지 않은 목표였다.

맨 처음 소재 변경을 시도한 것은 아래의 청바지다. 왼쪽 사진이 원래의 대표 이미지로, 멋진 모델 컷이기는 한데 의외로 클릭률은 좋지 않았다. 0.2%를 넘지 못하는 처참한 수준이다. 몇 개의 블로그 글들을 공부한 뒤 상반신은 날리고 바지만, 그것도 뒷모습을 찍은 사진으로 바꿔보았다. 이 상품은 뒷부분에 절개선이 들어가 날씬해 보이는 것이 특징이라 그걸 강조하는 사진으로 바꾼 것이다. 그랬더니 클릭률이 놀랍게도 1%에 가까운 수준으로 상승했다. 재미

원래 이미지(왼쪽)와 바지 뒷모습만 찍은 사진(오른쪽).
클릭률이 대폭 상승했다.

있다. 다음엔 뭘 바꿔볼까 매일 밤 사진을 놓고 고민을 시작했다.

일단은 노출 수는 많은데 클릭이 낮은 상품에 주목해서 상품을 선정하기 시작했다. 노출 수가 많다는 것은 현재 소비자들이 그런 종류/스타일의 옷들을 많이 찾아보고 있다는 뜻이고, 낮은 클릭은 선택을 받지 못하고 있다는 뜻이다.

이 상황에 정확히 들어맞는 상품이 있었다. 봄 신상품으로 올린 니트가 노출 수로는 우리 상품 중에 상위권인데 클릭 수가 하나도 없는 것을 발견했다. 클릭률도 아닌 클릭 숫자가 '0'이다! 사실 테스트 삼아 적은 액수의 광고비만 집행 중이긴 하지만 그래도 노출 수

원래 이미지(왼쪽)와 크롭(짧은) 기장의 특성을 살린 옆면 사진(오른쪽).
마찬가지로 클릭률이 상승했다.

가 1,000회가 넘어가도록 클릭 수가 0이라는 건 믿어지지 않았다.

옷은 예쁜데 왜 이런 결과가 나왔을까? 노출이 많이 되는 것을 보면 니트에 대한 니즈는 많다는 뜻인데 말이다. 모델에 대한 애정 (?)이나 사진 보정의 수고를 다 잊고 옷 그 자체가 가진 매력을 보여주는 사진으로 교체했다. 앞모습을 포기하고 몸매를 잘 드러내 주는 크롭(짧은) 기장의 특성이 확 드러난다 싶은 옆면 사진을 선택하니 클릭률이 1%를 넘어선다!

그 뒤로도 역시 노출 수는 높은데 클릭률이 낮은 상품들 중심으로 사진을 바꾸는 실험을 계속해보았다. 아래 원피스도 또 하나의 성공적 변경 사례. 두 개의 사진이 완전히 다른 이미지인데 사진

원래 이미지(왼쪽)와 의자를 활용해 밋밋함을 살린 사진(오른쪽).

4부 나는 플랫폼 교수다

그 자체를 보면 두 번째 사진이 덜 밋밋하다. 의자가 등장한 것도 있고 왠지 고객의 입장에서 자신이 이 옷을 입고 앉아 있는 모습을 상상하는 기회를 제공하는 것 같다. 결국 광고 성과도 두 번째 사진이 좋게 나타난다. 조만간 야외 사진들이 등장하면 그 차이를 더욱 극명히 볼 수 있을 것으로 보인다.

마지막 시도는 가장 파격적 시도인데 우리가 왜 이렇게 사진을 예쁘게 찍고 있을까 하는 의구심을 가지게 했던 실험이다. 아래의 스커트는 앞쪽에 트임이 있는 롱스커트인데, 원래의 대표 사진은 역시 클릭률이 매우 낮았다. 몇 가지 다른 대안 사진들을 가지고 고

원래 이미지(왼쪽)와 앞트임을 돋보이도록 상품만 찍은 사진(오른쪽).

민을 해보았지만, 원래의 대표 사진과 크게 다른 느낌을 줄 만한 사진이 없었다. 모델 컷들은 모두 검은색을 입고 촬영했는데 스타킹도 검정이다 보니 스커트 디자인의 주 특징인 앞 트임이 잘 보이지 않는다. 그래서 아예 모델 컷을 포기하고 앞 트임이 잘 보이는 밝은색의 상품 사진만 덜렁 올려놓았다. 역시 클릭률이 1% 이상 상승했다. 상품이 가진 특징이 강하면 그 자체를 보여주는 것이 정답이다.

퍼포먼스 마케팅, 너무 재미있다!

33. 진짜 싸움이 시작되었다

    H가 자랑했던 상품이 하나 있었다. 공급사가 붙여놓은 이름은 '다이아 크롭니트', 다이아몬드 무늬로 짜인 니트이다. 품질도 좋았고 옐로, 블랙, 핑크 세 종류의 색상도 예쁘게 잘 빠졌다. 모델 두 명에게 각기 다른 색상의 옷을 입혔고 상품에 대한 MD 코멘트도 정성을 들여 만들었다. 그리고 지그재그에 광고를 붙였다. 뜨거운 반응을 기대했는데 거의 아무런 반응이 없다. 물론 광고 소재에 대한 실험을 통해 가장 클릭률이 높은 사진으로 교체도 했다. 그런데 반응이 없다.

무엇이 잘못되었을까?

지그재그가 제공한 3월 3주 차 니트에 대한 검색어 순위를 보면 크롭니트는 분명히 상위에 위치해 있었다. 문제는 크롭니트가 아닌 '다이아'에 있었다. 무심코 공급사가 정해준 이름을 사용한 것이 문제였다. 나에게는 생소한 단어였지만 다이아몬드 무늬에 대해 패션 업계에서는 '아가일'이라는 표현을 쓰고 있었다. 그래서 고객들이 이 무늬를 검색할 때는 다이아가 아닌 아가일이라고 입력했고 그래서 우리의 다이아 크롭니트는 검색에 걸리지 않은 것이다.

이름을 다이아 아가일 크롭니트로 변경하자 클릭률이 올라가기 시작했다. 지그재그에 마케팅을 시작한 이후 다이아 아가일 크롭니트는 처음으로 2%가 넘는 클릭률을 기록했다. 물론 주문도 조금씩 들어오기 시작했다. 이 사건을 계기로 전체 상품 이름에 대해 재검토가 이어졌고 많은 상품의 이름이 변경되었다. 예를 들어 '소녀지몽'이라 이름 붙였던 상·하의 세트에는 '데이트 하객룩, 청순, 러블리' 등의 표현들이 붙었고 투웨이 집업 카디건에는 '크롭, 사계절 니트'와 같은 트렌디한 수식어들이 붙었다.

그런데 다이아 아가일 크롭니트의 성공은 얼마 가지 못했다. 잘나가던 어느 날 주문이 신기루처럼 사라져버린 것이다. 클릭률은

2.7%로 역대 최고를 찍고 있는데 판매로 이어지지 않았다. 업계 용어로 전환율이 0%로 추락한 것이다. 이유는 간단했다. 누군가가 동일 상품으로 저가 공세를 펼치고 있는 것이다. 지그재그를 살펴보니 우리와 정확히 동일한 상품을 취급하는 쇼핑몰이 네 군데 있었고 그중 두 군데가 우리보다 낮은 가격으로 판매하고 있었다. 유일한 대응 방안은 가격 인하였다. 아직은 마진이 남아 있기에 가격 인하가 가능했다. 고객은 가격 인하에 반응했고 주문은 다시 늘어나기 시작했다. 주말이 지나고 쌓인 주문을 들고 도매상을 방문했다. 그런데 생각지도 못한 답변이 기다리고 있었다. 해당 상품의 재고가 없다는 것이다.

매력적인 상품이었고 경쟁 쇼핑몰이 저가 공세를 펼치면서 이 제품의 재고가 소진돼버린 것이다. 도매상은 원단 수급의 문제로 추가적인 생산이 어려울 것 같다고 했다. 편집숍은 상품에 대한 장악력이 없기에 언제든지 발생할 수 있는 일이다. 그런데 이상하다. 이 제품을 취급하던 4개의 쇼핑몰 중 우리를 포함한 3개는 상품을 내렸다. 재고가 없으니 당연한 일이다. 그런데 마지막 한 개의 쇼핑몰, 가장 가격이 높았고 누구나 이름을 들으면 알 수 있는 쇼핑몰만이 그 상품을 유지하고 있는 것이다. 물론 가격은 여전히 높았다. 의심이 들었다. 어쩌면 이 대형 몰이 그 도매상의 재고를 모두 사버린 것이 아닐까 하는 그런 의심 말이다. 물론 이 또한 우리가 극복해야 하는 대상일 수도 있다. 하지만 이런 상황이 계속되면 재고 없는 쇼핑몰은 존재하기가 점점 더 어려워질 것이라는 생각이 들었다.

이러한 종류의 싸움은 편집숍에게는 영원히 끝나지 않을 것으로 보인다. 물론 이 싸움의 끝은 시즌의 끝이고 시즌 동안에 얼마나 많은 매출을 만들어내는가가 이 싸움의 본질이다. 클릭을 구매로 만들기 위해서는 상품화만이 아니라 공급사에 대한 장악력과 빠른 발이 필요함을 느낀 사건이었다.

34. 플랫폼의 배신

    지그재그에서 마케팅한 지 한 달이 흘렀다. 대략 매일 10~20만 원의 광고비를 집행했으니 한 달 동안 500만 원 정도를 쓴 것이다. 다양한 테스트를 통해 이제는 평균 2%라는 클릭률을 기록하고 있다. 그런데 전환율은 영 오르지 않는다. 전환율은 우리 사이트를 방문한 후 구매로 전환하는 비율을 의미한다. 상품이 100번 노출되었을 때 2명이 클릭을 해서 우리 상품 페이지에 오는데 구매를 하는 비율을 0.1%에 불과하다. 그런데 지그재그의 광고 보고서를 찾아보니 평균 전환율이 2%이다. 우리 전환율의 20배다. 만약 우리가 평균의 전환율을 보이고 있다면 바쁘게 하루를 시작하고 있을 것이다. 이유가 궁금했다.

다이아 아가일 크롭니트의 경우처럼 먼저 가격을 체크했다. 우리는 매입하여 판매하기에 당연히 우리와 동일한 상품을 판매하는 셀러가 존재했고 이들의 가격이 우리에 비해 낮으면 결국 우리는 선택받지 못할 것이기 때문이다. 모든 상품을 비교해본 결과 0.1%라는 전환율이 이해되었다. 지그재그에서는 클릭 한 번으로 유사한 상품들의 가격을 비교할 수 있는 기능이 있었고 우리의 가격은 이미 경쟁력이 없었다. 우리의 상품이 맘에 들어 방문할 수는 있지만 구매까지는 연결되지 않았다. 우리의 가격 수준은 결코 높은 수준이 아니었지만 최저가인 상품은 하나도 없었다. 대책이 필요했다.

일단 모든 상품에 대한 가격을 최저가 수준으로 변경했다. 어찌되었건 이번 시즌을 그냥 이렇게 넘어갈 수는 없기 때문이었다. 하지만 무료 배송에 가격 할인, 그리고 멤버십 비용을 감안하면 우리가 벌 수 있는 금액은 진짜 미미한 수준이었다. 공통으로 들어가는 비용을 커버하기 위해서는 상당한 숫자의 주문이 필요했다. 이 수준의 주문이 현실화된다면 물론 즐거운 일이겠지만 현재 우리의 인력으로는 소화하기조차 힘든 수준의 규모이다. 즉 현재의 시장 구조로는 사업의 앞뒤가 맞지 않는다.

편집숍 커뮤니티에 들어가 보니 이는 우리만의 문제가 아니었다.

시장의 구조가 편집숍의 존재를 부정하고 있었고 그 변화의 주체는 플랫폼들이었다. 이미 온라인 패션 쇼핑몰이 개미지옥임을 알고 있었지만 거의 모든 쇼핑몰이 이렇게 소리치고 있는 상황은 아니었다. 기존과는 다른 변화, 충분한 규모의 고객을 확보한 플랫폼들이 만들어내는 새로운 문제들이 나타나고 있었다.

이미 인지하고 있던 브랜디, 지그재그, 에이블리 등이 선택한 하루배송, 직진배송이라는 대형 제조 중심의 시장 운영은 중간자로서의 쇼핑몰의 자리를 본질적으로 위협하고 있었다. 과거 도매상→소매상→플랫폼→소비자로 만들어져 있던 가치 사슬이 도매상→플랫폼→소비자로 바뀌고 있는 것이다. 패션 쇼핑몰들은 수천 개의 옷가게를 통해 고객을 확보했다. 물론 그 과정을 통해 옷가게들에 많은 수익을 만들어주기도 했다. 하지만 그 과정에서 플랫폼들은 고객을 확보했고 그들의 데이터를 축적했다. 그리고 이제는 소매상들을 배제하고 도매상과 직접 거래를 시작하는 것이다. 인터넷과 디지털 경제의 발전은 중간자의 존재를 점점 더 의미 없게 만든다. 이론적으로 편집숍의 존재 가치는 크지 않다. 하지만 이들은 수많은 고객에게 수많은 스타일을 보여주는 역할을 한다. 그리고 지금 이들이 플랫폼으로부터 배신을 당하고 있는 것이다.

이미 어느 정도 규모를 갖춘 대형 쇼핑몰들은 제조 중심으로 사업을 전환시키고 있다. 프롬비기닝이나 커먼유니크와 같은 지그재그나 브랜디에서 상위 랭킹을 점유하고 있는 쇼핑몰들은 이미 제조 경쟁에 뛰어들었다. 나름의 인간관계를 통해 지그재그와의 미팅을 요청했을 때 나에게 돌아온 답변은 직접 제조하지 않을 경우 협업의 여지가 없다는 것이었다. 즉 내가 옷가게의 미래라고 생각했던 플랫폼 간의 오리지널 경쟁이 편집숍이 아닌 상품 제조를 중심으로 시작된 것이고 그 결과 수많은 작은 편집숍은 이제 롱테일의 아랫부분으로 내몰리기 시작한 것이다. 플랫폼들이 당일배송, 대량 생산, 할인 판매를 독려하고 있는 상황에서 상위 랭커 쇼핑몰들은 이익은 제작을 통해서 만들면서 동대문 매입 상품은 구색으로 전락시키고 있었던 것이다.

옷가게들에 옷을 공급하는 상위 공급자인 동대문 도매상들도 상황은 마찬가지다. 플랫폼들은 자신의 수익을 극대화하기 위해 새로운 방식을 제시한다. 하지만 근본적인 리스크는 모두 도매상들의 몫이다. 상품을 생산하고 재고를 가져가야 하는 것도 도매상이고 남은 재고를 안아야 하는 것도 도매상이다. 일은 쉬워졌지만 이들도 과거 수많은 옷가게를 상대했던 시절을 그리워할지도 모른다. 더 프로피아를 시작한 지 6개월도 채 되지 않았지만 사이트를 보고 자신의 상품을 팔아달라는 연락이 계속 오고 있다는 것은 도매상들도 위기를 느끼고 있다는 것을 뜻했다.

플랫폼은 패션이라는 상품이 갖고 있던 롱테일 특성을 파괴하고 철저한 가격 비교를 통해 가격 중심 구매를 유도하고 있다. 브랜디의 상품 상세 페이지를 가보면 상품의 첫 화면 아래 유사 상품이 기본으로 제공된다. 사진 검색을 통해 브랜디에 존재하는 유사한 상품을 가장 먼저 보여주는 것이다. 이제 상품을 선택했으면 가장 가격이 싼 쇼핑몰에서 구매하라는 친절한 가이드다. 이러한 브랜디의 정책은 나의 상품 페이지까지 고객을 모시고 오기 위해 옷가게가 투입한 노력을 물거품으로 만든다. 그 어떤 이유에도 가장 싸게 판

이 상품과 비슷한 상품

[주문폭주] 폰즈… 타틸라 아가일 크… 프랑 아가일 카라… 다키 카라 아가'
10% 20,700 31% 20,010 5% 21,850 24,900

브랜디에서 상품 상세에서 제공하는 유사 상품 가격 비교 기능이다. 중국 상품들의 경우 치열한 가격 경쟁이 벌어진다.

매해야 하는 싸움터를 만든 것이다.

또 하나 이 상황을 심각하게 만드는 것은 동대문 시장에 중국 상품의 도도매가 급격히 늘어가고 있다는 사실이다. 중국 상품의 도도매라는 의미는 동대문에서 제작하는 것이 아니라 중국 제작 상품을 대량으로 들여와서 동대문 상품으로(made in Korea로) 판매하는 방식이다. 정성 들여 사진 작업을 해서 올린 상품이 중국 상품이었기에 상품이 인기를 끌면 수많은 셀러가 중국 사진으로 가격 경쟁을 해오는 현상이 나타나고 있었다. 초기에 제법 인기가 있어서 많이 팔리던 상품이 순식간에 주문이 사라진 이유는 바로 여기에 있었다. 만약 그 상품이 중국 상품이라면 누구라도 순식간에 상품화를 시키고 상품의 수급은 동대문을 통해 할 수 있기 때문이다. 중국 상품의 동대문 도도매는 그런 맥락에서 편집숍의 설 자리를 잃게 만드는 또 하나의 중요한 이유가 되고 있었다. 차라리 중국 상품이고 동대문에서 구할 수 없다면 직구라는 장벽으로 인해 가격 유지가 가능했다. 하지만 당장 내일 동대문에서 가져다 배송할 수 있는 상품들은 마진이 1,000원이 될 때까지 가격 경쟁이 이뤄지고 있었다. 이 현상이 가진 의미는 점점 직접 제작을 하지 않는 편집숍이라 불리는 옷가게들의 자리가 사라지고 있다는 뜻이다. 이미 우려했듯이 도매상들은 플랫폼들과의 협업이 기존의 옷가게들과의 협업보다 훨씬 편리하고 한발 더 나아가 중국 상품의 도도매가 제작보다 안전하다는 결론에 도달했을 수도 있다.

　대책이 필요했다.

　일단 상품화와 더불어 운영에 전력을 기울이기로 했다. 매일 가격을 체크하고 일단 최저가는 아니더라도 무료 배송과 적립금을 감안해서 가격을 조정하기로 했다. 이제 100여 개에 달하는 봄 상품을 매일 이렇게 관리하는 것에 자원을 쏟아야 하는 상황이지만 어쩔 수 없다. 그리고 우리가 포기하기로 했던 아니 비중을 대폭 축소하기로 했던 중국 상품에 다시 눈을 돌리기로 했다. 비록 모든 중국 상품을 사진 작업을 할 수 없지만 중국에서 제공되는 상품을 어떻게 든 스타일링하는 방법을 찾기로 했다. 중국 사진을 더 나은 방법으로 재배치하고 스타일링 할 수 있는 아이템을 제시하는 방안 등을 검토하기로 했다. 숨이 목까지 차오른다.

여기서 살아남을 방법은 무엇일까?

35. 자사몰은 자살몰인가?

지그재그와 같은 패션 플랫폼들이 옷가게들을 배신한다면 유일한 탈출구는 경쟁력 있는 자사몰을 만드는 것이다. 이미 프롬비기닝을 비롯해서 수많은 옷가게가 충분히 경쟁력 있는 자사몰을 갖고 있었고 잘 알려지지 않았지만 충성 고객을 가진 옷가게들이 다수 존재하고 있었다. 더프로피아가 지향하는 목표는 이들 중 하나가 되는 것이었다. 하지만 역시 문제는 거기까지 가는 데 얼마나 많은 자원이 필요할 것인가였다.

이에 대해 나 나름의 정답은 '선 플랫폼의 활용', '후 자사몰 구독 전략'이었다. 브랜드가 약한데 처음부터 자사몰에 집중할 필요는 없기에 시작은 플랫폼을 활용하는 것이 최선이고 이후 어느 정도 인지도가 생기고 충성 고객이 생겼다면 플랫폼을 바이패스하는 전략을 수립하는 것이 현명할 것이다. 이 선택은 과거에 무조건 자사몰로 시작했던 선택보다 안전하고 성공 가능성이 큰 전략일 것으로 판단했다. 그런데 자사몰의 데이터를 살펴보면서 의외의 사실을 발견했다.

우리의 자사몰의 유입 경로를 보면 95%가 지그재그를 통해서 만들어지고 있었다. 인스타 광고를 집행하기 전이고 유일한 광고 집행 매체가 지그재그니 이는 당연한 결과였다. 그런데 이 트래픽의 자사몰 평균 체류 시간이 1분 미만이다. 지그재그에서 상품을 발견하고 클릭을 통해 더프로피아에 방문한 후 이들이 우리 사이트에서 머문 시간은 1분에 불과한 것이다. 체류 시간이 짧은 것에는 두 가지 이유가 있을 것이다. 첫째는 우리 사이트가 매력이 없거나, 둘째는 특정 페이지를 방문한 후 바로 빠르게 지그재그로 돌아간 것이다. 나름대로 열심히 만들었고 타 사이트 대비 고품질의 사진을 준비했기에 우리 사이트가 1분 이상을 소비하기 싫은 곳이라는 생각은 들지 않는다. 결국 지그재그에서 상품을 검색하는 고객은 우리의 상품 상세를 살펴본 후 곧장 지그재그로 돌아가는 습성을 보이고 있는 것이다.

냉정하게 생각해보면 이는 당연한 결과였다. 고객들은 굳이 제한된 상품만을 제공하는 조그만 가게에 남아 자신의 쇼핑을 제한하고 싶어 하지 않을 것이기에 우리 사이트를 찾은 목적이 충족된 순간 다시 지그재그로 돌아가는 것이다. 물론 이는 지그재그가 구조적으로 만들어놓은 시스템의 결과이기도 했다. 결국 지그재그는 수많은 옷가게의 상품을 가지고 지그재그 고객을 모으고 있었다.

내가 처음에 생각했던 지그재그를 이용한 자사몰의 경쟁력 강화는 성립될 수 없는 스토리였다. 더프로피아는 지그재그 안에 존재하는 하나의 옷가게였지 지그재그를 마케팅 도구로 쓰는 독립 옷가게가 아니었다. 매출이 필요하다면 지그재그는 좋은 파트너겠지만 장기적 관점에서 나의 고객을 만들겠다는 목표가 있다면 지그재그는 큰 도움이 되지 않는다. 더프로피아가 광고를 투입해 얻어낸 즐겨찾기 고객은 더프로피아의 고객이 아니라 지그재그의 고객이었던 것이다.

더프로피아가 추구하는 것은 작은 자사몰을 만드는 것이다. 이런 시도가 가능할지 알 수 없지만 나름의 팬덤을 만들어내면 충분히 다양한 영역으로 확장이 가능할 것이기 때문이다. 작은 기업이 가능할 수 있는 것은 플랫폼이 가진 정보와 브랜드가 가진 정보가 다르기 때문이다. 패션이라는 영역은 특히 플랫폼이 가진 보편적인

더프로피아의 인스타그램 광고. 더프로피아가 추구하는 것은 작은 자사몰이다.

정보로 장악하기에는 쉽지 않은 영역이고 취향과 지불 의사가 일반적인 공산품과 다르다는 믿음이 있기 때문이다.

　하루는 후배가 자사몰에 대해 이야기하며 '자살몰'이라는 표현을 쓴다. 이제는 자사몰을 이렇게까지 생각하기 시작한 모양이다. 플랫폼의 힘이 강해지면서 더 이상 자사몰은 설 자리가 없다는 뜻으로 해석된다. 이제 그저 플랫폼을 잘 이용하는 방법을 찾는 것이 최선이라는 이야기다. 플랫폼들의 전략 변화와 더불어 자사몰의 미래에 대한 고민이 커지는 시기다.

일단 지그재그를 통해 확보된 고객에게 자사몰 회원 가입을 유도하기로 했다. 혜택은 특정 품목으로 제한되지만 50% 쿠폰을 제공하기로 했다. 지그재그로 우리 상품을 구매하면 회원 가입을 독려하는 전단지를 한 장 넣고 SMS로 회원 가입을 부탁하는 메시지를 보내기로 했다. 더프로피아를 구매하고 상품을 받아보는 그 시점이 가장 중요해 보인다.

36. 균열 그리고 재정비

어떤 조직이나 실적이 나오지 않으면 균열이 생긴다. 이 현상의 책임이 누구의 것인지 잘잘못을 가리게 되고 결국 사람들 간의 균열이 만들어지게 된다. 더프로피아는 10월에 시작해서 이제 갓 6개월에 다다르고 있지만 아직 제대로 만들어낸 것이 없다. 아니 실은 뭔가를 제대로 만들어 증명한 것이 없다. 지난겨울 시즌은 H의 주장대로 보여주기 위해 상품을 만들었다. 200여 개의 옷이 상품화되었고 사이트를 채웠다. 단지 시즌이 다 지나가고 있기에 마케팅 예산을 집행하기에는 너무 늦었고 그래서 그 준비된 상품들은 손님들에게 선보일 기회도 갖지 못했다. 물론 H의 볼 만한 쇼핑몰 갖추기라는 목표에 대해 나는 동의했지만 막상 이런 상황이 오니 더욱 이해하기 힘들었다.

H는 지난 6개월의 시간을 다양한 이유로 설명했다. 자신이 생각했던 모든 일을 같이 일하는 친구들이 받쳐주지 못했다는 점이 하나다. MD이자 스타일리스트로 합류했던 J와의 불화는 본격적인 촬영이 시작되던 11월부터 시작되었다. 둘은 절친이었지만 함께 일해본 것은 처음이었다. H가 전체적인 계획과 모델 소싱, 사진작가 관리, 계약, 상품 사입, 비용 정리 등 거의 대부분의 일을 담당했기에 자연스레 모델의 착장, 즉 스타일링은 J의 몫이 되었다. 그런데 H는 J의 스타일링을 맘에 들어 하지 않았다. 더프로피아의 가장 중요한 일에 서로 이견과 불신이 생긴 것이다. 둘의 이견은 계속됐고 J는 수차례 사직을 통보했다. 다행히 그들이 가진 또 다른 관계인 '절친'이라는 끈이 J가 계속 일할 수 있게 했고 그들의 불만족은 봄 시즌까지 이어지고 있었다. 문제는 스타일 숍의 가장 핵심 기능, 그 자체가 만족되지 못하면서 더프로피아가 만들어지고 있었다는 사실이다. H는 착장 숫자에 집착했고 J는 그만큼 많은 스타일을 만들어내지 못했다. 당연히 더프로피아 전체적인 스타일은 중구난방이 되었고 누가 보아도 어떤 콘셉트인지 알 수 없는 그런 옷가게가 되었다. H와 J는 그 중구난방을 서로의 잘못으로 생각하는 것처럼 보였다.

다행히 봄 시즌을 준비하면서 이들 간의 균열은 조금씩 봉합되는 모습을 보였다. 먼저 스타일링이라는 영역이 J에게서 H와 S로 분산되기 시작했다. 3명의 스타일리스트가 일을 나눠서 진행하는 방식으로의 변화는 J의 부담을 경감시켰지만 이번에는 진정한 의미에서의 중구난방이 만들어지기 시작했다. 지난 시즌의 혼란스러웠던 모습은 J 혼자 만들었다면 이번 봄 시즌은 3명의 각기 다른 스타일리스트가 만든 다양한 스타일이 더프로피아의 콘셉트를 더 뭐가 뭔지 모르게 만들고 있었다.

K는 H의 선택으로 더프로피아에 조인했다. 보이는 것이 전부라는 H의 주장에 따라 DSLR 사진기 촬영이 선택됐고 H와 K는 보라색 배경지를 선택해서 사진을 찍었다. K는 경력이 있는 사진작가였고 자기 생각을 H에게 주장했을 것이다. 하지만 겨울 시즌 보라색 배경지에 촬영된 사진들은 객관적으로 실패에 가까웠다. 물론 모든 사진이 엉망이라 할 수는 없지만 H와 K 그들 스스로가 이 사진을 인정하지 않았다. K는 어쩔 수 없이 촬영된 사진을 보정하는 노가다에 참여했지만 K의 사진 보정을 H는 인정하지 않았다. 자신의 맘에 드는 사진을 찾기 위한 H의 클릭은 밤새 계속되었고 심리적 부채를 가진 K는 자연스레 그 작업을 같이할 수밖에 없었다. H는 프로듀서였고 K는 사진작가였는데 그들 사이에는 신뢰가 사라져가고

있었다.

　다행히 이들 간의 균열은 봄 시즌이 시작되면서 어느 정도 해결되는 모습을 보였다. 사무실의 이전과 지난 시즌에 대한 반성, 그리고 K의 지속적인 학습으로 핑크색 배경지에서 탄생하는 사진들은 겨울과 비교할 수 없는 수준으로 탄생했다. 모델들의 경험치도 상승과 더불어 새로이 설정된 조명 세팅으로 사진 보정에 소요되는 시간도 절대적으로 줄었다. H와 K는 이 결과에 고무된 모습이었고 이를 더프로피아의 좋은 시작점으로 생각하는 듯했다. 이 경험은 둘 사이의 신뢰를 회복하게 만들었고 K의 더프로피아에 대한 비전을 갖게 했다.

　비록 거의 모든 시간을 같이하는 것 같았지만 나는 이들의 이런 균열과 봉합을 직접 목격하지는 못했다. 두 번의 간지가 돌아가는 나이 차이*로 인해 그들은 나에게 그들 간의 문제를 모두 털어놓지는 않았다. 단지 무언가 그들 간에 흐르는 묘한 기류가 어느 순간부터 나에게도 느껴지기 시작했다. 이 균열을 봉합하지 못하면 더프로피아의 미래는 없을 것 같았지만 내가 무언가를 하기에는 두 가지 문제가 모두 본질적인 것들이었다. 스타일링이나 사진 작업 실력은 결국 그들 스스로가 상대방이 만들어내는 결과물을 인정할 수 있는가의 문제였기

* 나를 포함한 H, J, K 모두 말띠다. 단지 그 차이가 좀 클 뿐이다.

에 일종의 관찰자인 나의 의견은 아무 의미가 없었던 것이다.

H와 옷가게를 시작하던 시점에 나는 6개월이라는 인큐베이션 기간을 설정했다. 이 옷가게에 소요되는 비용 대부분을 내가 투자하기로 했고 그 기간을 6개월로 한정하기로 한 것이다. 우리의 상상으로는 6개월 정도가 지나가면 어느 정도 매출이 생길 것이고 이는 본격적인 사업을 위한 기반이 될 것이었다. 하지만 우리의 상상은 현실이 되지 못했다.

6개월이라는 약속된 시간이 다 되어가면서 H는 홀로서기를 준비하기 시작했다. 다행인지 불행인지 H의 동생은 잘 다니던 디지털 마케팅 회사를 관두고 더프로피아를 돕기로 했다. 사진작가 K 역시 정식 파트너로 더프로피아에 조인하기로 한다. 그전의 시간이 숨고에서 만나 용역 계약으로 맺어진 관계였다면 이제는 사업을 같이하는 동지가 된 것이다. 반면에 J는 6개월 동안 절친의 일을 열심히 도와줬던 친구로 남기로 했다. 패션에 대한 열정이 아니라 친한 친구의 열정을 지원하는 마음만으로는 앞으로 더 나가기는 어려웠을 것이다. 함께 일했던 S와 모델들도 우리의 사진이 좋았는지 열정 페이를 자청하고 나섰다. H는 다양한 루트를 통해 자금 확보에 나섰고 일정 수준의 자금을 만들어냈다.

균열은 어떤 때는 봉합되어 더욱 단단해지기도 하고 그냥 깨져

버리는 결과를 낳기도 한다. 더프로피아라는 스타일 편집숍의 미래를 위해 이런 균열들은 어떤 방향이든 빨리 해결되는 것이 좋다.

빠르게 바뀌는 시장,
무언가 변화가 필요하다

패션이라는 것은 쉬운 사업이 아니었다. 이론에만 강한 플랫폼 교수와 패션에 대한 열정만으로 똘똘 뭉친 H의 결합만으로 성공 가능성을 획기적으로 높이기는 불가능했다. 그러나 시행착오가 많기는 했지만, H의 패션에 대한 전문성과 나의 집요함이 그럴듯한 쇼핑몰을 만들어낸 것도 사실이다. 하지만 시간이 지나 뒤돌아보니 인터넷 옷가게는 생각보다 어려운 사업으로 변화되어 있었다.

무엇보다 시장이 너무 빠르게 바뀌고 있었다. H가 이해하고 있던 시장과 지금의 시장은 너무 달라졌다. 패션이라는 영역에서 지그재그, 브랜디, 에이블리와 같은 플랫폼이 일반화되면서 전체적인 패션 생태계가 바뀌고 있었고, 이 상황에서 자신의 고유 상품이 하나도 없는 편집숍이라는 사업 모델은 분명 더 어려운 포지션으로 밀리고 있었다. 작은 가게를 운영하면서 큰 그림을 이해해야 하는 그런 상황이 된 것이다.

여기에 가격 경쟁이 치열해지면서 최소한의 운영비를 감당하기 위해 필요한 매출이 점점 커지고 있다. 패션 플랫폼에서 무료 배송은 당연한 것이 되고 있고 적립금, 시즌 할인, 신상 할인 등을 진행하지 않으면 고객의 관심을 받는 것이 점점 더 어려워지고 있다. 한 달에 필요한 고정 비용을 커버하기 위해서는 만만치 않은 매출이 필요한 상황이 된 것이다. 인터넷 옷가게의 이익률 하락은 비용 구조에 대해 본질적으로 다른 접근을 요구하고 있었다. 무언가 변화가 필요했다.

6개월의 인큐베이션 기간이 지나면서 H는 K라는 든든한 동반자를 얻었고 앞으로 나아가기 위한 준비를 시작했다. 비록 짧은 기간이었지만 6개월 동안 만들어온 더프로피아라는 옷가게는 충분히 매력적인 모습을 유지하고 있고 앞으로도 최소한의 비용으로 그 수준을 유지할 수 있을 것이다. 하나의 예는 이제 동대문 도매상에서 더프로피아에게 샘플을 빌려주기 시작했다는 사실이다. 그리고 우리의 모델이 되고 싶다는 제의도 계속 들어오고 있다. 더프로피아라는 옷가게는 누가 보아도 그럴듯한 가게인 것은 맞기 때문이다. 6개월 동안에 우리가 얻은 것은 실패의 경험이 아닌 이 사업을 계속할 방법을 알아낸 것이다.

37. 플랫폼을 그려보자

난세에 내가 할 일은 거의 없다. 아니 없을 줄 알았다. 이미 더프로피아는 아주 가벼운 스타트업으로 구조를 변경했고 소수의 인력이 함께 사업을 만들어가는 모양새가 잡혔다. 비용은 최소화했고 회사에 남기로 한 모두가 파트너로 참여했다. 나는 이전과 마찬가지로 사무실을 저렴한 가격에 제공하는 무료 봉사 인턴이 되기로 했다.

인턴의 역할은 역시 이들의 패션 사업에 대한 고민을 공유하는 것이었다. 작고 단단해지기는 했지만 더프로피아를 하면서 느꼈던 막막함은 쉽게 떨쳐버릴 수 없었다. 패션 플랫폼들이 만들어내고 있는 현재의 시장에서 작은 옷가게가 자리 잡고 성장하기는 상상만큼 어려워 보였다.

그래서 플랫폼이라는 단어를 다시 꺼내보기로 했다. 플랫폼이라는 단어가 시장 전체를 대상으로 한 새로운 사업 방식을 제안하기도 하지만 가끔은 작은 시장에서 제한된 공급자들로 성립되는 경우도 있기 때문이다. 특히 패션이라는 산업은 소수의 공급자가 아닌 아주 많은 공급자로 유지되는 전형적인 롱테일 구조를 갖고 있기에 기존에 없던 플랫폼이 가능할 것 같은 생각이 들었다.

플랫폼 설계의 아이디어는 더프로피아를 만들면서 느꼈던 공급자들의 문제를 해결해보는 방안으로 잡았다. 수많은 옷가게가 시장에서 밀려나고 있는데 이들을 모아낼 수 있는 일종의 패션 쇼핑몰들의 협동조합을 플랫폼 형태로 만들어보고 싶어졌다.

옷가게와 플랫폼은 확실히 다른 사업이다. 옷가게는 내가 공급자이기에 매력적인 상품을 찾아내고 고객에게 이를 알리면 된다. 하지만 플랫폼은 양면 시장을 설계하고 참여자를 모아야 하기에 완전히 다른 접근이 필요하다. 더프로피아의 경험을 살려 플랫폼을 설계한다면 우리의 지향점은 지그재그가 처음 그렸던 모습과 유사할 것이다. 지그재그가 처음 세상에 나왔을 때 작은 옷가게들은 열광했다. 지그재그는 그들이 적은 금액의 광고로도 1,000만이라는 고객을 만날 수 있는 곳이었다. 지금 옷가게 사장님들은 예전의 지그재그를 그리워하고 있을 것이다.

　우리 플랫폼의 공급자는 수많은 옷가게 주인들이다. 이들 중에 상당수는 혼자 혹은 최소한의 인원으로 옷가게를 운영하고 있을 것이다. 홀로 동대문에서 옷을 사입하고 스타일링을 하고 주문이 들어오면 대응하고 있을 것이다. 그리고 이들도 시장의 변화, 즉 '플랫폼의 배신'을 느끼고 있을 것이고 궁지 아니 사지로 몰리고 있을 것이다. 이들이 우리 플랫폼의 공급자가 될 수 있을 것이다. 시장의 변화는 우리에게 기회를 제공할 것이다. 아마도 우리의 플랫폼은 완전히 열린 시장이라기보다는 일정 수준 이상의 스타일링 능력을 갖춘 실력자들을 위한 공간이 되지 않을까 생각한다. 이런 의미에서 기존에 에이블나나 브랜디가 쓰고 있는 셀레브리티들을 이용한 영업과는 차별화될 것이다.

　에이블리나 브랜디는 헬피나 파트너스 모델을 말할 때 참여자들을 영업 사원으로 생각한다. 패션을 판매하기 위해서는 다양한 사진들이 필요하다. 그리고 그들이 소셜네트워크상에서 많은 팔로워를 갖고 있다면 더욱 좋을 것이다. 그리고 그들은 이후의 번거로운 프로세스를 직접 하고 싶은 생각도 없을 것이다. 이 참여자들은 대부분 젊고 옷에 대해 관심이 많다. 하지만 이들이 원하는 것은 이를 통해 돈을 버는 것이지 자신이 생각하는 스타일을 보이는 것은 아니다. 옷을 입고 사진을 찍는 작업이 즐겁고 사진을 올린 이후에 모든 번거로운 과정을 플랫폼이 알아서 해결해주기에 특별한 고민 없이 참여할 뿐이다.

반면에 우리의 참여자인 옷가게 사장님들은 패션을 자신의 사업으로 생각한다. 자신이 원하는 스타일이 있고 그를 손님에게 판매하는 것을 업으로 생각한다. 단순히 잘 팔릴 옷을 찾아서 인터넷 사이트를 통해 판매하는 유통업으로 옷가게를 생각하는 것이 아니라 자신의 스타일을 판매하려고 노력하는 사람들이다. 그래서 에이블리나 브랜디가 제시하는 사업 방식과는 결이 맞지 않는다. 물론 이를 반대로 생각할 수도 있다. 장사는 팔리는 상품을 찾아서 많이 팔아야 하기 때문이다. 하지만 우리가 찾고 있는 공급자들은 자신만의 스타일을 팔고 싶은 스타일리스트들이다.

플랫폼의 다른 한 축인 소비자에 대해서는 명확한 시장 그림이 그려지지 않았다. 이는 내가 패션의 전문가가 아니기 때문이고 H가 시장에 대해 정확히 설명하지 못하기 때문일 것이다. 하지만 더프로피아를 100배 복제하여 스타일로 가득 찬 패션 플랫폼을 만들어 놓는다면 많은 사람이 좋아할 것은 분명하다.

모바일이라는 환경에서 플랫폼들이 보여주는 패션은 이제 공산품이 되었다. 아마도 아침 출근길에 나와 동일한 옷을 입고 출근하는 사람을 마주치는 것이 이제 흔한 일이 될 것이다. 그러기에 더 이상 지그재그와 같은 플랫폼이 아닌 더프로피아와 같은 부티크들이 모인 플랫폼에서 스타일 패션을 쇼핑하라는 메시지를 반가워할 그런 고객군은 분명 존재할 것이다.

시장에는 분명 세그먼트가 존재한다. 단지 남성, 여성, MZ세대, X세대와 같이 인구통계학적 요소에 의해 시장을 나눌 수도 있지만 추구하는 것이 무엇인가에 따라 시장은 분명히 나뉜다. 현재의 플랫폼들은 패션을 공산품화시키며 가격을 최고의 무기로 활용하고 있다. 그리고 그 무기는 시장 전체의 수준을 떨어뜨리고 있다. 예전 동료에게 더프로피아를 소개했을 때 그녀는 나에게 제발 한번 세탁 후에 입을 수 없는 옷은 팔지 말았으면 한다고 했다. 어디라고 밝히지는 않겠지만 그녀의 10대 딸이 열광하는 쇼핑몰의 옷들이 대부분 그렇다고 했다. 정확히는 모르겠다. 하지만 분명히 패션이라는 시장에는 스타일을 찾고 품질을 중요시하는 남과 다름을 추구하는 스타일 추구 세그먼트가 존재할 것이다.

38. 어떻게 플랫폼을 설계할 것인가?

이렇게 양면 시장의 존재는 어느 정도 그림이 그려졌다. 플랫폼의 가장 기본적인 원칙인 양면 시장의 니즈를 그려놓고 보니 왠지 성립될 것 같은 생각이 들었다. 그다음 단계는 과연 우리의 스타일 플랫폼이 제공할 수 있는 매력적인 도구가 무엇인가에 있었다. 새로운 플랫폼이 어려움에 처한 옷가게 사장님들을 도울 방법은 작은 인터넷 옷가게인 더프로피아가 갖고 있던 문제, 바로 '규모'의 문제를 풀어내는 것이다. 옷가게들이 모여 일정 이상의 규모를 만들어낸다면 얻을 수 있는 장점이 많았다.

이를 스타일시스트 협동조합이라 명명해보았다. 편집숍들의 협동조합인데 과거 지그재그가 제공했던 오픈마켓과는 조금 다르다. 협동조합이 주체가 되어 풀필먼트를 포함한 다양한 공통 작업을 해결해주는 것이다. 여기에는 브랜디가 셀피 서비스로 제공하는 사입, 물류, 배송 등은 모두 포함될 뿐만 아니라 옷가게 상품화의 핵심이라 할 수 있는 사진 작업도 포함된다. 협동조합의 개념은 무언가를 나누고 공유한다는 뜻이다. 좀 더 자세히 들여다보자.

패션을 사랑하고 자신만의 고유한 스타일을 가진 사람들이 가장 원하는 것은 무엇일까? 물론 이를 통해 생계를 유지하는 만큼 더 많은 돈을 벌고 싶어 할 것이다. 하지만 더 근본적으로 이들이 원하는 것은 자신의 스타일을 공유하는 것이다. 따라서 옷가게 사

온라인 패션 쇼핑몰의 구성 요소

	스타일링	모델/보정	사진 촬영	상품 관리	풀필먼트	마케팅
내용	• 패션을 좋아하는 사람에게는 일이 아님	• 준비된 모델은 패션의 일부, 포토샵 보정	• DSLR 사진 촬영, 조명, 스튜디오	• 공급사 상품 사입, 샘플 관리 • 치수, 착용감, 소재 정보 관리	• 주문관리, 포장, 배송, 재고 관리 • 고객 CS	• 구매 고객 유입을 위한 광고 집행 • 멤버십 프로그램
Cost	• 스타일리스트 본인의 시간	• 전문 모델 5~10만 원/시간	• 사진작가 비용 500만 원/월	• 전문 인력 비용 최소 300만 원 • 사업 물류비	• 규모에 따른 물류 단가 차이 1,900~2,800원	• 광고 예산?? • 전문 인력 비용 최소 500만 원
공유 시 시너지	下	下	中	上	上	上

스타일리스트 영역   플랫폼 영역

장들이 원하는 것은 자신의 스타일을 상품화시켜주는 기능일 것이다. 바로 사진, 정보, 그리고 풀필먼트 전 과정이다. 상품의 선택, 스타일링까지가 패션자들의 영역이고 이후의 모든 사업적인 프로세스는 플랫폼이 도와주면 된다.

첫 번째는 고품질 사진 작업이 가능해진다. 숨고와 크몽에서 전문 사진작가를 구해보면 한 달 기준 최소 500만 원이 필요하다. 물론 필요할 때마다 시간제로 사진작가를 고용할 수 있지만 이 경우 하루에 지불해야 하는 돈이 더 올라간다. 플랫폼에 전문 작가가 공급자로 들어오는 구조가 생기면 이 역시 공급자와 사용자가 모두 이익일 수 있다. 전업 작가를 공유하는 방식이 될 것이기에 사진은 고품질이 가능해지고 비용은 하락할 것이다. 사진 보정 역시 마찬가지의 논리가 적용된다. 최근 크몽을 통해 확보한 사진 보정 작업자는 우리와 일하면서 상당히 만족하고 있다. 우리의 작업물이 일정 수준 이상의 품질을 유지하면서 자신은 모델 리터치만 하면 되기 때문이다. 이 역시 플랫폼의 도구로 활용될 수 있는 영역이다. 우리의 고객 세그먼트가 싫어하는 사진은 리터치가 필요하지 않은 목 없는 사진이라는 가정이다. 패션이 놀이터가 되기 위해서는 예쁜 사진들이 많아야 한다.

여기에 모델 이슈도 있다. 모든 스타일리스트들이 모델이 가능한 것은 아니다. 심지어 여성복을 스타일링하는 남자도 있다. 모델은 더프로피아의 경험을 바탕으로 후보군을 만들어놓을 수 있을 것이다. 협동조합의 참여자들은 찾는 수고와 협상의 수고를 덜 수 있고 자신의 스타일에 맞는 검증된 모델과 함께 일할 수 있도록 제공하면 될 것이다.

두 번째는 상품 관리다. 동대문이라는 공급자 역시 규모 있는 소매상을 사랑한다. 제법 많은 편집숍이 모이면 분명히 좋은 커뮤니케이션이 생길 것이다. 여기에 상품에 대한 정보, 즉 치수나 소재 등에 대한 정보 관리도 분명 비용 효율이 올라갈 것이다. 또한 주문 처리를 위해 새벽 시장에서 옷을 사입하는 과정에서의 효율도 있다. 하루에 충분한 오더가 없으면 사입 삼촌을 쓰기도 애매했다. 몇 개의 오더로 사입 삼촌을 쓰면 그나마 마진이 모두 그 비용으로 사라지기 때문이다. 그래서 힘들어도 스스로 새벽 시장을 나가는 쇼핑몰 운영자들이 많을 것이다. 모이면 힘이 되는 영역이다. 이 상품 관리를 가장 잘하는 플랫폼은 브랜디다. 동대문에 몇천 평짜리 풀필먼트센터를 만들어두고 매일 네 번의 사입을 진행한다. 주문이 들어오면 대상 상품은 브랜디의 창고로 이동해서 검수, 배송을 기다린다. 언젠가 이 협동조합도 유사한 구조를 갖출 수 있을 것이다. 이 풀필먼트 대행을 위해 필요한 것은 꼭 돈만은 아니다. 동대문에는 이미 충분히 효율적인 사입 삼촌 시스템이 있고 우리는 이 시스템을 효율적으로 활용하면 된다.

여기에 브랜디의 셀피 물류 서비스는 근본적인 문제를 갖고 있기에 우리의 자리가 있어 보인다. 셀피 물류 서비스는 옷가게 사장님들이 상품을 촬영하고 쇼핑몰에 올려두면 이후의 모든 과정을 브랜디가 대신해주는 구조다. 상품의 사입부터 배송, CS까지 브랜디가 대신한다. 문제는 이를 위한 수수료가 13%, 배송비가 2,400원, 물류비가 아이템당 2,000원이다. 3만 원짜리 상품을 한 개 판매했다고 가정하고 마진이 1만 원이라 가정하면 브랜디가 가져가는 것이 8,700원이고 옷가게는 1,300원을 번다. 10% 할인 프로모션이라도 붙이면 남는 것이 없다. 그리고 이제 브랜디에서 할인 프로모션은 기본이 되어가고 있다. 즉 브랜디가 제시하고 있는 셀피들을 위한 풀필먼트 서비스는 옷가게들을 위한 대안이 되지 못한다.

배송비의 경우 역시 규모의 경제가 가동된다. CJ대한통운의 기본 배송비는 시작은 2,800원이지만 물량에 따라 10단계로 구분된다. 물량이 많아지면 내려가고 최소 물량인 월 500개를 채우지 못하면 100원씩 올라간다. 브랜디는 건당 2,400원의 배송비를 받는다. 우리의 플랫폼이 어느 정도 물량을 갖추면 브랜디와 유사한 수

준의 협상은 무조건 가능하다.[*]

마지막으로 마케팅이다. 플랫폼이 성립되어 일정 수준의 마케팅이 진행되면 이는 전체 공급자들에게 혜택으로 돌아갈 것이다. 또 하나 개개 공급자들의 인스타를 통한 홍보 활동은 플랫폼의 유입으로 이어질 것이고 이는 일종의 공동 자산으로 만들어질 것이다. 일정 수준 이상의 스타일 능력을 가진 스타일리스트들의 집합이라는 스타일 플랫폼의 이미지가 인정된다면 한 번의 유입이 타 공급자의 상품으로 연결되는 확산이 가능할 것이기 때문이다. 물론 플랫폼 광고의 모든 내용은 공급자의 산출물이 될 것이고 이 과정을 통해 스타 스타일리스트가 탄생한다면 이는 플랫폼의 성공으로 이어질 것이다.

지그재그의 경우 마케팅을 집행하면 수천 번의 클릭이 우리의 옷가게로 유입된다. 문제는 고객들이 우리 사이트에 머무는 시간이 늘지 않는다는 사실이다. 지그재그에서 맘에 드는 옷을 발견하면 우리 옷가게로 온다. 맘에 들면 주문을 하고 다시 지그재그로 돌아간다. 나의 옷가게를 방문한 고객이 나의 다른 상품을 볼 기회가 거의 없다. 이 역시 플랫폼이 만들어놓은 현재 상황이다. 지그재그에 더 많은 상품과 할인 기회가 기다리기에 주저 없이 다시 지그재그로 돌아가는 것이다.

● 현재 더프로피아의 건당 배송비는 2,800원이다.

지그재그가 더 이상 옷가게들의 선택이 될 수 없는 가장 큰 이유가 바로 이것이다.

동대문에 존재하는 수많은 제품 공급자, 사진을 통한 상품화 작업, 풀필먼트, 마케팅 등 공유할 수 있는 기능들을 정의하니 플랫폼의 도구들이 명확해졌다.

스타일링은 스타일의 공급자인 스타일리스트들의 고유 영역이다. 이들은 동대문 시장을 다니든 중국 상품을 찾아내든 스스로가 추구하는 스타일을 만들어내야 한다. 상품화 과정에서 모델과 보정은 스타일리스트에게 선택의 영역으로 두는 것이 좋아 보인다. 스스로 모델을 하는 쇼핑몰 사장들이 많을 것이기 때문이다. 물론 모델과 보정 작업이 필요하면 플랫폼이 제공하면 된다. 이 역시도 다양한 모델 풀과 보정 작업자를 확보한 후 공급하면 비용은 절감된다. 즉 비용은 참여자의 부담으로 정의했다. 하지만 이를 제외하고 나머지 모든 영역은 플랫폼이 수행하는 것이 효율적이라는 결론에 도달했다. 플랫폼이 모아서 제공하면 규모의 경제가 만들어질 여지가 충분히 있었다.

마지막으로 어떻게 규모를 만들 것인가의 이슈가 남아 있다. 이 협동조합은 지그재그처럼 완벽한 개방을 통해 규모를 확보할 수는 없을 것이다. 완벽한 개방은 현재의 무차별한 가격 경쟁으로 이어질 가능성이 크기 때문이다. 그래서 상품의 가격 관리를 플랫폼의 영역으로 남겨두었다. 스타일리스트들은 스타일로 경쟁하고 말이다. 동일한 상품을 다른 스타일리스트들이 사용할 수 있도록 할 생각이다. 가격은 같기에 누구의 스타일이 더 매력적인가가 경쟁의 포인트가 될 것이다.

또한 각각의 스타일리스트들이 고유의 단어를 소유할 수 있도록 운영해볼 생각이다. 이에 대한 상세한 기획은 앞으로 이뤄질 것이지만 '자전거 출근룩'과 같이 TPO(Time, Place, Occasion)에 맞는 스타일을 일종의 플랫폼 내에서의 스타일리스트만의 특허로 등록할 방안을 고민해보고자 한다. 이 설계 방향에 맞춰 일단 초기 MVP 목표는 20명의 스타일리스트를 확보하는 것으로 설정했다.

단 3일 만에 스타일 플랫폼의 원형이 그려졌다. H는 자신이 플랫폼이라는 그림을 그릴 수 있다는 사실에 환호했다. 비록 옷가게가 난관에 봉착함으로 만들어진 일종의 돌아가는 선택이지만 그래도 우리가 그려놓은 플랫폼의 그림은 설득력이 있어 보였다. 게다가 우리는 이 플랫폼의 MVP(Minimum Viable Product)를 만들어오고 있었다. 사진을 어떻게 찍는 것이 가장 효율적인지, 상품을 어떻게 분류하고 관리하는 것이 좋은지, MD 코멘트를 어떻게 쓰는 것이 매력적인지 등등 우리가 기존의 더프로피아를 만드는 과정은 스타일 플랫폼의 MVP와 다를 것이 전혀 없었다.

비록 단시간 내에 그려낸 플랫폼의 모습이지만 나는 플랫폼 교수다.

H는 새로운 플랫폼의 이름을 '룩지다'로 하고 싶어했다. 자기가 꿈꿔오던 플랫폼의 이름이었단다. 그래서 옷가게 프로젝트는 두 개의 트랙을 동시에 가기로 했다. 한 길은 더프로피아라는 옷가게이고 또 하나의 길은 룩지다라는 스타일 플랫폼을 만드는 일이다. 현실적인 모습을 보면 우리가 매일매일 하는 일은 큰 차이가 나지 않는다. 하지만 룩지다를 통해 H는 새로운 창업을 시도할 수 있고 다양한 창업 지원과 스타트업 프로그램에 지원해볼 수 있을 것이다. 물론 그 뒤에는 내가 플랫폼 전문가로 서 있을 것이다. H는 더프로피아의 미래에 대해 아직도 무한 긍정을 갖고 있다. 더프로피아를 성공시키려는 노력의 과정이 시장에 대한 더 명료한 이해를 불러올 것이고 이 과정이 플랫폼의 성공, 즉 수많은 패션 쇼핑몰 주인장들이 스타일 플랫폼 '룩지다'로 몰려드는 기반이 될 것이기 때문이다.

가격이 아닌 스타일로 경쟁하는 플랫폼!

39. H에게 미소가 보였다

　　미소는 17살이다. 패션을 좋아하고 거울 앞에서 자신을 꾸미는 것을 좋아한다. 그리고 이미 주위의 많은 친구가 미소의 룩을 좋아하고 따라 한다. 미소의 꿈은 사업가인데 지금 당장의 목표는 훌륭한 모델이 되는 것이다. 더프로피아의 콘셉트와 사진이 맘에 들어 인스타그램 DM으로 더프로피아의 모델이 되고 싶다고 문의를 보냈다. 더프로피아 인스타그램으로 DM이 올 것이라고 아무도 예상하지 않기에 우연히 그 DM을 본 사람은 바로 나였다. 별생각 없이 사진을 한 장 보내보라고 했더니 몇 초 되지 않아 사진 한 장이 날라왔다. 이제 시작한 쇼핑몰에서 무엇을 보았는지 미소는 더프로피아의 모델이 되고 싶어 하는 것이다.

룩지다라는 플랫폼을 기획하면서 미소에게 스타일리스트가 되어보지 않겠냐고 제안했다. 그 나이 때 그들이 좋아하는 스타일을 만들어내는 스타일리스트로 미소를 키워보고 싶었다. 나의 제안에 미소는 즐겁게 반응했다. 2004년생인 미소는 MZ세대에서도 보지 못했던 뭔가 다른 개성을 갖고 있는 것으로 보였다. 평택에 사는 미소는 자신의 꿈을 위해 학교를 자퇴했고 더프로피아와의 협업을 위해 왕복 5시간이라는 시간을 기차 안에서 보내고 있었다. 하지만 한 번도 피곤한 표정을 보이지 않는 미소를 보면서 패션이 가진 가치를 다시 느낄 수 있다. 룩지다의 첫 스타일리스트로 미소의 룩북을 만들었다. 100명의 미소가 탄생하기 위한 첫 단추가 되길 바라면서 말이다.

E는 미소의 친구다. 역시 패션을 좋아하고 현재는 고등학교 재학 중이다. 미소가 룩지다 룩북을 보여줬을 때 E의 반응은 격렬했다고 한다. 자기도 하고 싶다고. E는 룩지다의 룩북의 모델이자 스타일리스트로 조인했다. 이 일이 그들에게는 너무 즐거운 일이고 멋진 일이라고 한다. 미소의 첫 룩북 촬영에 그녀는 그냥 따라왔다고 한다. 그리고 6시간에 걸친 촬영에 너무 즐겁게 임했다. 누군가에게는 이런 기회가 너무도 소중하다는 생각이 들었다. 그녀는 에이블리에

서 용돈을 벌 수도 있었지만 사진을 찍고 하는 작업이 너무 부담스러웠다고 했다. 그리고 스마트폰으로 자신이 찍는 사진은 생각하는 것만큼 아름답지도 멋지지도 않았다고 했다. K작가는 더 좋은 룩북을 위해 자신이 속한 그룹이 운영하는 스튜디오를 개방했다. 사무실에 있는 작은 스튜디오와는 비교가 안 되는 조명 속에서 이들의 표정은 더 밝아졌다.

더프로피아의 모델이었던 A는 원래 패션을 전공했다. 자신의 일이 패션인지라 더프로피아의 모델을 지원했고 열정 페이에 가까운 금액에도 열심히 모델로서 참여했었다. 룩지다라는 새로운 플랫폼 모델에 A 역시 찬사를 보낸다. 패션을 공부하는 학생들에게 이보다 더 좋은 기회는 없다고 말이다. 더프로피아는 이제 도매시장에서 샘플을 받아볼 수 있는 옷가게이기에 이들에게 더프로피아와 룩지다가 같이 들어간 스타일리스트 명함은 일종의 도매시장 출입증이다. 그리고 스스로가 모델에 참여하면서 자신의 스타일을 세상에 내보일 기회가 있다는 것은 너무 행복하다고 했다. 아마도 패션을 전공한 A의 친구들이 A의 룩북을 보게 되면 더 많은 패션 전공 학생들이 룩지다의 스타일리스트로 합류할 것 같다.

H의 친구인 K는 현재 국내 패션 회사의 매장 매니저로 일하고 있다. 우리는 모두 알지만 삼성전자에 다니면서 타사의 전자 제품

을 사용하는 것은 매우 어려운 일이다. K도 마찬가지였다. 매장의 책임자로서 그녀가 입는 옷은 모두 회사의 상품이었고 그러기에 그녀의 패션은 정체되어 있었다. 제법 중견 패션 브랜드까지 성장해 백화점에도 입점해 있지만 그녀의 패션에 대한 갈증을 채워주기에는 부족했다. 이제 갓 성공한 국내 브랜드 상품이 갖는 한계는 높은 간접비를 감당하기 위해 가격 대비 품질이 떨어질 수밖에 없다는 것이고 대중의 입맛에 맞는 상품에만 집중해야 한다는 점이었다. 그녀가 종종 H와 더불어 동대문 투어를 다니는 이유는 바로 이런 까닭이었다. 그런 그녀에게 룩지다는 자신의 패션에 대한 열정을 쏟아부을 좋은 대상이었다.

룩지다라는 플랫폼이 성공하기 위해서는 가장 먼저 해야 할 일은 충분한 수의 스타일리스트를 확보하는 것이다. 그래서 우리의 첫 단추는 함께 일했던 모델들과 친구들에게 우리 플랫폼의 개념을 설명하는 일이었다. 그런데 의외로 모두가 긍정적인 참여의 답변을 내놓았다. 좋은 시작이다. 현재 쇼핑몰을 하고 있는 사장님들도 패션을 공부하는 학생들도 현재 패션 업계에서 일하는 MD들도 모두 우리 룩지다의 일원이 될 수 있다는 자신감이 들었다.

룩지다와 함께하기로 한 스타일리스트들의 룩북 제작이 시작됐다. 룩북은 일종의 사진집이다. 함께하기로 한 스타일리스트들이 자기 나름의 스타일로 착장을 만들어 사진집을 만드는 것이다. 룩지다라는 플랫폼의 초기 공급자들이 들어온 모양새이고 이는 추후에 룩지다에 관심을 갖는 스타일리스트들이 보게 될 모델 하우스가 될 것이다.

룩북이 완성되면 가장 먼저 인터넷 패션 쇼핑몰 커뮤니티와 대화방에서도 이야기를 시작할 생각이다. 새로운 선량한 패션 플랫폼은 우리가 모두 함께 커나가는 패션 협동조합이라는 메시지를 들고 말이다.

다음은 샘플로 만들어본 룩지다의 룩북으로, 나름 공들여 만들었지만 여전히 갈 길이 멀다. 함께할 스타일리스트들이 더욱 많아졌으면 하는 바람이다.

LOOKJIDA

룩지다와 함께 할 스타일리스트를찾습니다.

del 윤정은
list 김은혜
otohrapher 최승권

Scottish Lo

스코티쉬 룩

타탄체크의 스커트는 규칙적
복잡한 모양으로 다소 단조
이는 스타일에 포인트를 준
소매 배색의 통일성을 이룬
밋밋한 룩에 재미를 더해주
있는 루스 핏에 안정감 있는
으로 체형 커버, 편안한 착
더했다.

Tip - 타탄 체크
스코틀랜드의 전통적인 격자
체크 패턴

#타탄체크 #스카트르코디 #컬러포인트룩

Outer 배색 모직 롱 코트
Top 벌룬핏 7부 니트
Skirt 타탄체크 롱 스커트
Shoes 레더 롱 부츠 (브라운)

Model 윤정은
Stylist 김은혜
Photohrapher 최승권

Top 리본 배색 트위드 셔츠 자켓
Skirt 배색 트위드 스커트
Socks 롱 타이즈 블랙

Model 김미소
Stylist 김은혜
Photohrapher 최승권

Look Say -

트위드 짜임으로 된 재킷 스커트 셋업으로 검은색 배색 라인이 들어가 발랄하면서 캐주얼한 느낌을 주었으며 재킷 앞부분에 리본 장식이 있어 소녀다운 무드를 극대화했다

#투피스 #셋업 #트위드 #리본 #체크 #데이트룩 #페미닌

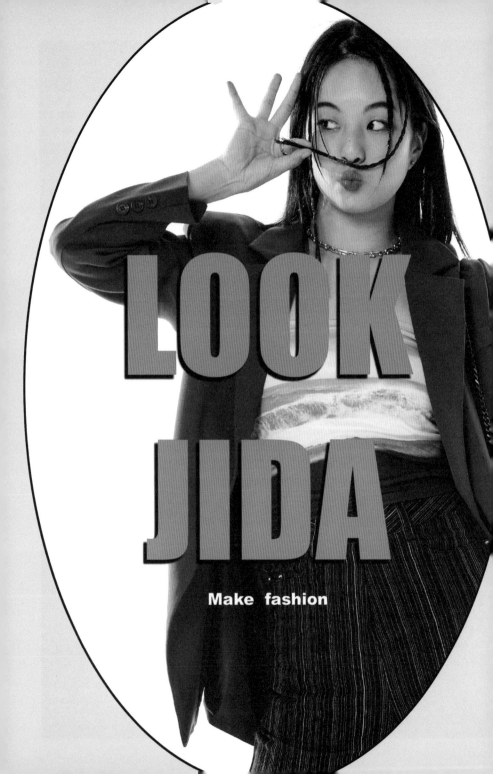

Normcore

놈코어
Look Say -

평범 (normal) + 하드코어 (hardcore)
의 합성어로, 과하게 꾸미지 않은 듯한 느낌이
지만 그 안에서 포인트를 주어 자신만의 개성을
나타내는 스타일을 놈코어 (Normcore)라
하며, 기본 블레이저와 데님팬츠를 매치하여 노
멀 한 무드를 연출하지만 그래픽이 들어간 이너
탑을 매치하여 포인트를 주며 믹스 매치하였다.

#꾸안꾸 #그래픽룩 #탑패션

Model 윤정은
Stylist 김은혜
Photohrapher 최승권

Outer 베이직 노말 블레이저
Top 웨이브 크롭 탑 뷔스티에
Pants 화이트 라인 블랙 데님 팬츠
Bag 체인 더블 레더 도트백

40. 플랫폼은 진행 중

　〈스물다섯, 스물하나〉라는 드라마에서 주인공인 펜싱 선수 나희도(김태리 분)는 3개월 출전 정지를 당한다. 출전하지 못하는 시합에 관전을 위해 온 나희도에게 기자가 묻는다. 그래도 승부에 부담감이 없으니 홀가분하지 않느냐라고. 이에 나희도가 이렇게 답한다. 선수는 시합을 뛰어야 한다고 그래야 경험치가 쌓이고 실력이 늘어난다고. 그래서 이기든 지든 시합을 뛰어야 한다고 말이다. 옷가게를 하면서 가장 많이 들었던 질문은 "왜?"였다. 왜 교수인 내가 전혀 어울리지 않는 옷가게를 창업하는지 말이다.

　아마도 그 대답은 김태리의 대답과 동일할 것이다. 내가 시합을 뛰지 않으면 나는 이 영역에 대해 아무런 경험도 쌓지 못할 것이다. 물론 약간 무모해 보이기도 하지만 경험을 얻기 위해서는 직접 뛰는 것이 가장 좋은 방법이다. 그 과정을 통해 얻은 배움이 이 책일 것이다. 충분하지는 않더라도, 수십 년 이 업을 해온 사람들의 배움과는 비교할 수 없을지라도 빠르게 변하는 전자상거래라는 세상에서 그래도 무작정 이 일을 시작하는 사람들에게 필요한 것을 정리해본 것이다.

옷가게를 하면서 '플랫폼 혁명의 이해'라는 나의 수업 시간에도 '더프로피아'는 등장했다. 반강제로 학생들에게 이 책의 모태가 된 〈플랫폼 교수의 옷가게 창업기〉 브런치를 읽게 했다. 학생들의 입장에서 플랫폼이라는 단어가 자신의 삶과 관계를 가지려면 충분히 가까워야 한다. 하지만 기존에 강의의 중심이었던 구글, 페이스북, 아마존, 애플은 그들에게는 너무도 먼 이야기들이었다. 이번 학기 처음으로 과제 중의 하나로 플랫폼 창업을 추가했다. 그 대상이 무엇이든 네이버 스마트스토어나 카페24 등 어디서든지 온라인 스토어를 여는 것을 과제 제출물로 삼았다. 강의에서 듣는 것을 직접 만들어보는 경험을 갖게 하기 위함이다.

지금도 더프로피아는 진행형이다. 물론 더프로피아를 바탕으로 설계된 룩지다라는 플랫폼은 이제 출발선을 갓 넘었을 뿐이다. 이제 나의 역할은 옷가게 운영자에서 플랫폼 기획자로 바뀌었다. 이 책을 마감함으로 나의 옷가게 창업기는 막을 내리지만 나의 역할은 룩지다의 플랫폼 담당으로 남을 것이다. 아직은 베이비지만 플랫폼의 원형을 갖추었기에 룩지다의 성장을 바라보면서 도움을 주는 것이 나의 일일 것이다. 물론 같은 장소에서 포장과 포토샵은 계속할 듯하다.

옷가게라는 영역은 참 쉽지 않은 영역이었다. 경쟁도 심했고 시행착오도 많았다. 하지만 짧지 않은 기간 많은 것을 배웠고 그것을 글로 남겼다. 스타일 편집숍이라는 개념은 진입하기는 쉬운데 수익을 내는 것은 어려운 영역이다. 물론 더프로피아와 같이 조금 더 고급스러운 개념을 적용하는 것은 더더욱 어렵다는 교훈도 얻었다. 하지만 아무런 차별점이 없다면 지속 경영이 어렵다는 것은 누구나 아는 사실이다. 그래서 시도했었고 그 시도는 계속될 것이다.

룩지다라는 스타일 플랫폼은 다양한 방식으로 테스트되면서 플랫폼으로 성립되기 위해 노력할 것이다. 마케팅 전문가와의 대화에서 나는 스타일 플랫폼이 비집고 들어갈 '빈 시장'이 분명히 존재할 것이라 주장했고, 그녀는 '빈 시장'이 아니라 '빈 개념'이 존재하는 것이라 답했다. 맞다. 아직은 패션을 가격이나 기능이 아닌 스타일로 생각하는 양면 시장의 참여자들이 있을 것이라는 나의 가설은 분명히 개념이다. 그 개념이 시장으로 바뀌면 룩지다는 성립될 것이다.

　하지만 여기서 한 가지는 분명히 해두고 싶다. 더프로피아라는 쇼핑몰은 아직 성공하지 못했다. 아니 실패했다고 이야기하는 것이 안전하다. 나는 떠나지만 여전히 더프로피아를 만들어보겠다는 H와 K가 있기에 실패라는 단어가 성급한 것은 사실이다. 하지만 룩지다라는 플랫폼으로의 피봇을 더프로피아의 실패로 정당화할 생각은 없다. 내가 쇼핑몰을 시작한 이유는 플랫폼을 성립시키는 것이 훨씬 더 어렵다고 생각했기 때문이다. 하지만 여전히 나의 주 종목은 플랫폼이다. 아니 다시 플랫폼으로 돌아오니 조금 더 즐겁다.

 H의 이야기

옷가게로 시작했지만,
우리는 이제 플랫폼으로 갑니다

이 교수를 처음 만났을 때, 나는 사업 계획서를 들고 집요하게 그를 쫓아다녔다. 대학생 리포트 수준도 안 된다는 피드백을 들으면서도 굴하지 않았다. 그러한 집요함이 이 교수를 나의 동업자로 만들었고, 약속했던 이제 6개월이 흘렀다. 어쨌든 더프로피아는 문을 열었다. 글로 다 쓸 수 없을 만큼 수많은 시행착오를 겪었지만 번듯한 옷가게가 만들어진 것을 보면 스스로가 자랑스럽다.

물론 앞으로 더프로피아가 가야 할 길은 매우 멀다. 지금은 400개의 아이템을 가진 인터넷 옷가게를 가지고 매주 신상을 올리고 있는데, 이제 본격적으로 인스타 콘텐츠를 제작하고 광고를 집행해볼 생각이다. 물론 그 금액이 크지는 않지만 보다 멀리 내다보면서 더프로피아를 키워볼 생각이다.

지그재그라는 플랫폼은 내 예상보다 더프로피아를 키우는 데 도움이 되지 못했다. 오히려 마치 커다란 쇼핑몰을 만드는 데 내가 작은 벽돌로 활용된 느낌이다. 작은 쇼핑몰들끼리 끊임없이 경쟁해야 했고, 동대문이라는 시장도 내가 알던 과거의 그곳은 아니게 되었다. 브랜디나 지그재그와 같은 패션 플랫폼이 동대문 시장을 통째로 바꿔놓은 것이다. 처음에 가졌던 플랫폼을 이용한 옷가게에 대한 내 야심은 결국 환상에 불과했던 것으로 판명되었다.

이 교수 역시 이에 대해 동의하는 눈치다. 이 교수를 데리고 동대문 시장을 다녀왔을 때 그는 나에게 우리는 동대문 시장을 아주 조금 알고 있을지도 모른다는 이야기를 했다. 맞는 이야기일지도 모른다. 그래서 플랫폼이 변화시킨 동대문은 극히 일부에 불과하다고 생각했다. 내가 알고 있는 동대문이라는 시장에 대해 다시 처음부터 고민해보려고 한다.

룩지다라는 나의 플랫폼 기획은 옷장 공유에서 스타일링 놀이터로 변화되었다. 이 교수는 이를 '피봇팅(pivoting)'이라 불렀다. 룩지다의 큰 그림은 이 교수와 함께 그려보고 있다. 룩지다가 보다 더 정교해지고 구체화하면 본격적인 플랫폼 구현을 위한 투자 유치에 나설 것이다. 물론 내가 앞장서고 이 교수가 뒤에서 받쳐주는 방식으로 말이다. 이 조합이 어떤 결과를 낳게 될지는 알 수 없다. 하지만 이 교수를 만나기 전의 나와 지금의 나는 아주 많이 다르다. 진정한 의미에서 플랫폼 창업을 고민하는 것은 즐거운 일이다.

더프로피아의 구성원 중에서는 J가 떠나고 K는 남았다. J는 떠나던 날 눈물을 보였다. 자신이 MD로서 더프로피아의 성공을 이뤄내지 못했다는 아쉬움의 눈물이었다. 짧은 기간 우리는 많은 실수를 저질렀지만 그 시간의 농도는 매우 짙어졌다. J가 언젠가 다시 돌아올 것을 믿는다.

K작가는 이 교수가 말하는 새로운 플랫폼이 많은 사진작가 후배에게 기회를 만들 수 있을 것으로 생각하고 있다. 그는 그 가능성에 자신을 투자하기로 했다. K는 이미 룩지다의 주주이자 파트너로 합류하기로 한 날부터 전화를 들고 어제 받아온 일감을 후배들에게 나눠주기 시작했다. 나에게 새로운 절친이 생긴 듯하다.

플랫폼의 생각법 2.0
1등 플랫폼 기업들은 무엇을 생각했고 어떻게 성장했는가

이승훈 지음 | 448쪽 | 18,000원

"플랫폼에 대한 가장 완벽한 레퍼런스"
출간 후 전문가와 독자들이 플랫폼에 대한
가장 완벽한 레퍼런스라 극찬한 바로 그 책!

플랫폼에 대한 완벽한 정의와 성공하는 플랫폼 기업이 갖추어야 할 조건 그리고 플랫폼의 미래에 이르기까지 저자만의 깊은 통찰과 혜안으로 풀어내어 극찬을 받았던 《플랫폼의 생각법》의 전면 개정판이다. 《플랫폼의 생각법 2.0》으로 이름 붙여진 이 책은 전 세계적으로 더욱 막강해진 플랫폼 기업들의 이야기와 함께 한층 치열해진 한국의 플랫폼 그리고 그들만의 독특한 시장을 만들어 가는 중국 플랫폼까지 다루고 있다. 여기에 플랫폼과 밀접한 관계를 지니고 있는 구독경제 이야기까지 함께 소개함으로써 그 깊이를 더하고 있다. 국내 플랫폼 기업의 현재와 미래에서 구독경제와 중국 플랫폼의 성공방정식까지, 플랫폼 기업을 꿈꾸는 이들이라면 반드시 읽어야 할 책이다.

구독전쟁
플랫폼 기업과의 경쟁에서 이길 수 있는 고객 네트워크 구축의 비밀

이승훈 지음 | 332쪽 | 18,000원

상품이나 서비스가 아닌 '관계'로
고객을 만족시키는 법,
지금까지 알고 있던 구독경제에 대한
개념을 완벽하게 뒤바꾸는 책!

최근 활발하게 벌어지고 있는 비플랫폼 기업들의 탈플랫폼 전략을 정리하고 거대 플랫폼 기업과의 전쟁에서 싸우는 방법을 담아낸 책이다. 플랫폼 기업들과 비플랫폼 기업들 간의 고객을 둘러싼 '구독전쟁'의 와중에 나이키, 디즈니, 뉴욕타임스 그리고 애플이 택하고 있는 변화의 방향성에서 나타나는 공통점을 정리했고 이 과정에서 플랫폼과 경쟁하기 위한 방법론을 '구독전략'이라는 이름으로 그려냈다. 이를 통해 독자들은 지금까지와는 전혀 다른 차원의 새로운 구독전략을 만나볼 수 있을 것이다.

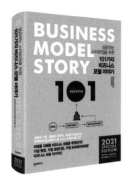

성공하는 스타트업을 위한
101가지 비즈니스 모델 이야기

2021
SPECIAL
EDITION

남대일 외 4인 지음 | 444쪽(양장본) | 28,000원

경영전략·스타트업 분야 장기 베스트셀러!
스타트업 창업과 경영전략의 황금 같은 레퍼런스북,
가장 핫한, 가장 트렌디한, 가장 크리에이티브한
비즈니스 모델 101가지!

5년 넘게 경영전략·스타트업 분야에서 베스트셀러로 사랑받아온 《101가지 비즈니스 모델 이야기》
의 세 번째 개정판이다. 이 책은 스타트업을 꿈꾸는 사람들이라면 누구나 한번쯤 눈여겨볼 만한
101가지의 비즈니스 모델을 이야기하고 있다. 지금 현재 시점에서의 성공 모델만이 아니라 미래를
이끌 비즈니스 모델을 찾으려 했고, 때문에 기존에 잘 알려진 비즈니스 모델보다는 새롭거나 창의
적인 사례를 발굴하고자 노력했다. 또한 다양한 독자층을 고려해 어려운 경영 중심의 내용보다는
이야기를 중심으로 서술했다. 101가지의 비즈니스 모델 자체를 기업의 실제 사례와 더불어 쉽게
풀어쓴 것이 가장 큰 장점이다.

▶

웹 3.0 혁명이 온다
패러다임의 대전환과 새로운 기회

김재필 지음 | 352쪽 | 19,800원

앞으로의 30년을 뒤바꿀 거대한 변화가 시작된다!
부와 기술은 물론 일하는 방식과
개인의 라이프스타일까지,
급변하는 미래, 향후 30년을 지배할
웹 3.0 혁명에 올라타라!

돈과 기술, 사람이 웹 3.0에 몰리고 있다 지금 세계의 기술과 자본, 인재는 메타버스에서 NFT를
지나 웹 3.0으로 이동하고 있다. 우리는 웹 3.0이라는 웹의 대전환기 속에서 발 빠르게 시장의 흐
름을 읽고 기회를 포착해야 한다. 웹 3.0의 거품 논란은 계속되고 해결해야 할 과제는 많겠지만,
패러다임 빅뱅을 일으킬 웹 3.0은 분명하게 다가올 미래이다. 따라서 앞으로 다가올 웹 3.0 시대
에 대비해 무조건적인 장밋빛 전망보다는 좀 더 객관적이고 알기 쉽게 웹 3.0을 전달하고 어떠한
미래 변화가 생길지 방향성을 제시해줄 '길라잡이'가 필요하다. 이 책은 개발자 관점에서만 논의되
어 온 웹 3.0의 개념을 사용자인 대중의 관점에서 쉽게 해석하고 정리한 '웹 3.0 입문서'이자, 나아
가 앞으로 다가올 웹 3.0 사회가 불러올 변화상을 짚어봄으로써 인플레이션, 금리 인상, 전쟁 등
불확실한 위기 상황을 헤쳐나갈 수 있도록 도와주는 '미래 준비서'이다.

시작은 옷가게,
목표는 플랫폼입니다

1판 1쇄 인쇄 | 2022년 7월 20일
1판 1쇄 발행 | 2022년 7월 25일

지은이 이승훈
펴낸이 김기옥

경제경영팀장 모민원
기획 편집 변호이, 박지선
마케팅 박진모
경영지원 고광현, 임민진
제작 김형식

디자인 ㈜푸른나무 디자인
인쇄 · 제본 민언프린텍

펴낸곳 한스미디어(한즈미디어㈜)
주소 121-839 서울특별시 마포구 양화로 11길 13(서교동, 강원빌딩 5층)
전화 02-707-0337 | 팩스 02-707-0198 | 홈페이지 www.hansmedia.com
출판신고번호 제 313-2003-227호 | 신고일자 2003년 6월 25일

ISBN 979-11-6007-387-4   03320

이 저서는 2022년도 가천대학교 교내연구비 지원에 의한 결과입니다.(GCU-202205600001)
This work was supported by the Gachon University research fund of 2022.(GCU-202205600001)